人気コーヒーショップ・自家焙煎コーヒー店

「コーヒー豆」の
売り方・繁盛法

COFFEE
PROMOTION
IDEAS

JN069024

旭屋出版

コーヒーの質に加え、「買ってみたい!」と思ってもらう売り方も必要に

—

コーヒー豆自体の品質は、年を追って高まりを見せてきました。熱心な生産者の農園のコーヒー豆がブランド化されたり、品種の希少性が魅力にされたり、精製法の工夫による風味の個性化が行われたり…。高レベルでの味の個性を謳う豆が続々登場しています。それにともない、今日では、希少価値の高い豆のポテンシャルを引き出せる、高い技術を持った焙煎士も注目されるようになっています。

2019年から足かけ4年にわたったコロナ禍の影響で、それまでになかった"巣ごもり"需要が生まれました。それが巡り巡って、コーヒー豆の自家焙煎という仕事に関心が集まり、自家焙煎店の出店を希望する人が増えるという事態にまでなっています。

コーヒーを日常的にたしなむ人たちが増えるにつれて、前記のような高品質のコーヒーに注目する人も増えました。付加価値の高い豆を扱う個人経営の自家焙煎店やコーヒーショップが注目され、人気を集めるようになったのは、"巣ごもり"需要で家庭でもおいしいコーヒーを飲みたいという人たちが増えたため、とも言われています。

このように、おいしいコーヒーへの関心が集まり、コーヒー豆を扱う店が増えたことから、今度は、自家焙煎のコーヒー豆を売るお店同士の競合が激化しています。

今の消費者を満足させるためには、他店には真似のできない個性や魅力的な味わいのコーヒー豆を作ることは、欠かせない要素です。しかしそれだけではお客を集めることが難しくなっています。これからは、豆の品質と同じくらい、その特徴を上手にお客にアピールすることが必要になっています。特にネット社会の今日では、実店舗とは異なる働きかけや商品の工夫が必要になっています。コーヒー豆を扱うたくさんのお店の中から、消費者に「買ってみたい!」と思ってもらう働きかけが重要になっているのです。

そこで本書では、全国的に知名度が高く、遠方からもお客を集める人気店を取材し、扱う商品の個性の方向性から、各店独自の売り方や販促について、一冊にまとめました。現在、大勢のお客から支持を集めているお店は、魅力的なコーヒー豆はもちろんのこと、その魅力を広くお客にアピールすることにも成功しているからです。

本書には、自家焙煎店を開業されているかたにとって、また今後、自家焙煎店やコーヒーショップの開業を考えているかたにとっても、役に立つポイントがたくさん紹介されています。ぜひ、これからのお店の参考にしてみてください。

旭屋出版 編集部

CONTENTS

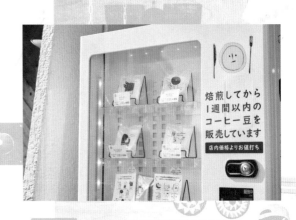

本書をお読みになる前に

●本書は、人気の自家焙煎店・コーヒーショップに取材し、その味づくりの考え方や個性づくりの方向性、売り方について取材し、紹介しました。

●各お店の情報、豆の種類、商品、価格、パッケージ、売り方などは、原則として2023年2月20日現在のものです。

●特に豆のラインナップやパッケージデザインにつきましては、随時変更される場合があります。そのため、取材時点のものとして紹介しています。

●お店の情報のうち客単価は、原則として店内の飲食を除いた「物販の客単価」として紹介しています。

●メニュー名や固有名詞に関しましては、各お店の表記を優先しています。

●各お店の販促アイデアにつきましては、内容を項目ごとに分けて紹介しています。187ページからその項目別の索引を設けましたので、知りたい内容に応じて索引から調べて参考にしてください。

デザイン：野村義彦（LILAC）
撮影：後藤弘行（本誌）、戸高慶一郎、太田昌宏、北川友美、ふるさとあやの、
川井裕一郎、松井ヒロシ、合田慎二、花田真知子
編集：森 正吾、齋藤明子、柴田佳奈
ライター：中西沙織、諌山 力、渡部和泉、西 倫世、シキタリエ、稲葉友子、山本あゆみ、野上知子

東京・下北沢

LIGHT UP COFFEE
下北沢店

—

ライトアップコーヒー

所在地：東京都世田谷区代田2-29-12
TEL：03(6450)9044
営業時間：11時〜18時　定休日：年末年始
坪数：5.5坪　物販の客単価：1000円前後
URL：https://lightupcoffee.com/

コロナ禍でオンラインに注力し、EC売上が10倍に

『LIGHT UP COFFEE』は、学生時代に飲んだ浅煎りコーヒーに感銘した川野優馬さんが、2014年に吉祥寺で開業した店。浅煎りのクリアでフルーティーなコーヒーが評判で、2017年には『下北沢店』もオープン。2017年からは、ポテンシャルの高さに惹かれてアジアでのコーヒー生産プロジェクトも始めており、バリとベトナムの農場でコーヒー生産も行っている。今、多くのコーヒー好きの間で注目の店だ。

「コンセプトは、シングルオリジンの個性を日常に馴染むように提供する店です」と語る川野さん。豆の個性を活かすため浅煎りにしているが、甘みもあって、明日もまた飲みたいと感じさせる味わいのコーヒーが同店の特徴である。

コーヒーの種類は頻繁に入れ替えを行っており、海外業者も含め10社以上の取引業者からローストチームがサンプルを仕入れ、カッピングして選定している。

ユニークなのは、豆の表示。常時5種類から、多い時は7〜8種を用意しているが、すべての豆を「SOFT」「JUCY」「SWEET」「FLORAL」の4つのカテゴリーに分けて表記。コーヒーに詳しくない人にも敷居の高さを感じさせず、気軽に利用してほしいという理由からだ。

コロナ禍を機として、スタイルをオンラインショップ中心に変更。ウェブサイトをリニューアルし、ウェブ限定商品を開発するなどして、ECサイトの売上を10倍以上に伸ばした。焙煎が間に合わないことから、今後は能力向上のため焙煎場所を移転して対応に当たるという。

①取材時の『下北沢店』は、小田急線世田谷代田駅から徒歩1分ほどの場所。ここで焙煎も行っている。　②これまで使ってきたフジローヤルの5kg釜。もう全く間に合っていないので、現在、ビンテージ・プロバットの22kg釜を購入し、新しい焙煎施設への移転を準備中。③下北沢店はコーヒースタンドも兼ねており、テイクアウト客も多い。ドリップコーヒーは500円（アイスは550円）。

川野優馬さん

大学在学中に浅煎りのコーヒーに感動。1kg釜を自宅に設置し焙煎を始める。ヨーロッパにコーヒーロースターを巡る旅に出て、最先端のコーヒーを学ぶ。帰国後の2014年、吉祥寺に『LIGHT UP COFFEE』を開業。2017年には焙煎所を兼ねた下北沢店もオープン。コロナ禍を機に、オンラインショップに注力して人気を集めている。㈱ライトアップコーヒー代表取締役、バリスタ、ロースター。

複数のSNSを使い分け、常に新しいことを発信し続けて、お客を飽きさせない

豆売りをオンライン中心に切り替えて、ECサイトでのサブスクリプションをメインにしてからは、家庭においしいコーヒーを、どう届けるかを考えて来ました。私自身は複数のSNSを使い分け、頻繁に発信を続けることで店を知ってもらい、興味を持った人にはECサイトに入ってきてもらえるようにしています。

あわせて、定期便の商品開発に当たっては退会したお客様にヒアリングをし、その意見を参考にしました。例えば同じ豆が入らないよう、毎回異なるものを用意しているのも参考にした点です。定期便では1パックでも同じものが続くと退会者が出るので、コーヒーは頻繁に入れ替え、毎回異なるものを用意しています。

また施策をこまめに繰り返し、季節の限定商品は年に6〜7回行っています。お客様の少ない梅雨時に割引セールをしたり、そうした時の告知も行うなど、常に発信をし続け、お客様を飽きさせないようにしています。

COFEE BEANS LINEUP

2023年2月現在

JUCY

☐ SIMBI RWANDA
ルワンダ産／ウォッシュド／浅煎り

☐ KARANI KENYA
ケニア産／ウォッシュド／浅煎り

SWEET

☐ ANDRES REYES HONDURAS
ホンデュラス産／ウォッシュド／浅煎り

☐ LA CEJA COLOMBIA
コロンビア産／ウォッシュド／浅煎り

SOFT

☐ SAO JUDAS TADEU BRAZIL
ブラジル産／パルプドナチュラル／浅煎り

☐ LA LAGUNA PERU
ペルー産／ウォッシュド／浅煎り

FLORAL

☐ HARU ETHIOPIA
エチオピア産／ウォッシュド／浅煎り

COFFEE PROMOTION IDEAS

IDEA 1

ラインナップ　パッケージ

コーヒーに馴れないお客も
選びやすい表示に

　コーヒーのラインナップは、常時5種類前後で、多いときは7〜8種になる。そのうち2種類ほどを毎月入れ替えている。それらの豆は、「SOFT」「JUCY」「SWEET」「FLORAL」に分けて表示。またパッケージのイラストは、産地をイメージさせる動物で、色もフレーバーの方向性に合わせて採用している。コーヒーに馴れない人も、気軽に選びやすくするためで、農園名を書くより、イメージしやすく覚えてもらいやすい。

IDEA 2

ラインナップ

季節限定品は、年に6〜7回

　季節の限定商品は年に6〜7回を発売。バレンタインシーズンやクリスマスシーズン以外に、割引セール商品を作ったりもする。そうした時の告知もオンライン上で行う。

IDEA 3

コーヒープロフィール

気軽に手に取れ、深い情報も

　豆のプロフィールはカードで紹介。色がフレーバーの方向性となっている。その国の動物のイラスト入りで、コーヒー初心者にも手に取りやすい。裏面には産地や生産者の情報とともにQRコードも入れ、それを読み込むとウェブサイトでさらに詳しい情報を得ることができる。

盛りだくさんの想いを伝えるツールとして活用

　全20ページでオールカラーの小冊子は、不定期でリニューアルして発刊。店舗に来られたお客には、実店舗では店の思いを口頭で伝えることができるが、ネットではなかなか読んでもらえなかったり、伝わらなかったりするため、あえて紙を使った情報を用意した。ネットでの注文客には、必ず入れるようにしている。コンセプト、取り組み、コーヒーの淹れ方、保存方法、スタッフ紹介、商品の紹介、店舗紹介など盛りだくさん。

お客の関心を呼ぶウェブ限定品

　バリスタが淹れた濃厚なコーヒーをキューブ状に冷凍したもので、お湯やミルクをかければ、コーヒーやカフェラテができるウェブ限定のメニュー。ユニークな発想の商品を掲げることで、「何だろう？」と興味を持ってもらい、店への関心も高めている。

ラインナップ

SNSでファンを増やす「飲み比べセット」

　SNSを通じて購入が多いのが、異なる産地の豆50gを3袋セットした「飲み比べセット」。「コーヒー豆の定期便」、「SINGLE ORIGIN TASTING SET」など、同じスタイルのものを複数用意する。コーヒーの初心者にとっては、ある産地のコーヒーを単独で飲んでも、それが美味しいかどうかが分かりにくい。しかし飲み比べることにより、「こちらよりこちらの方が好き」と味の好みが分かり、さらにコーヒーへの関心が強くなる。決して同じ豆が入らないよう、頻繁に種類を入れ替え、対応する。

メニュー

コーヒーに合うスイーツも

　チーズケーキやガトーショコラなど、コーヒーに合うスイーツ類は、実店舗でもECサイトでも用意。浅煎りコーヒーの味を引き立てる、優しい味わいを基本としている。特にECサイトでは、コーヒー豆とともに購入し楽しむ人が多い。

愛知・一宮

BASE COFFEE
—
ベースコーヒー

BASE COFFEE Ichinomiya
所在地：愛知県一宮市印田通4-24 ウカイマンション1F
TEL：0586(64)9625　営業時間：10時〜18時
定休日：火曜　坪数・席数：30坪・35席
物販の客単価：1300円
URL：https://shop.basecoffee.jp/
https://basecoffee.jp/

BASE COFFEE classic
所在地：愛知県一宮市せんい2-6-29
TEL：0586(59)5824
営業時間：毎週木曜11時〜15時
URL：https://basecoffeeclassic.com/

豆とドリップバッグの2本柱で、多様な生活スタイルに訴求

『BASE COFFEE』は、愛知県で3店舗を展開する、スペシャルティコーヒーのロースター。「毎日飽きずに飲みたくなるコーヒー」を追求し、シーン別ブレンドをはじめとしたコーヒー豆と、種類豊富なドリップバッグを展開。抽出を含めたコーヒータイムをじっくり味わいたいときはコーヒー豆を、より手軽に楽しみたいときはドリップバッグと、ライフスタイルに合わせた使い分けを提案している。

コーヒー豆は、オリジナルブレンド8種、シングルオリジン8種の、計16種類ほどをラインナップ。銘柄に合わせ、さわやかな中煎りの"light"、マイルドな中深煎りの"mild"、コクのある深煎りの"dark"のいずれかで焼き上げている。おいしい状態で飲んでもらうため、焙煎から一週間以内の豆のみを販売するのがモットーだ。

豆売りの拠点となるのは、一宮市にあるカフェ併設の

ビーンズショップ「Ichinomiya」。2014年の開業以来、豆購入者向けのドリンクサービスやメンバーズ特典など、さまざまな取り組みで顧客を増やしてきた。コロナ禍では以前よりも閉店時間を早めたことから、店舗前にコーヒー豆の自動販売機も設置。時間や定休日を気にせず購入できると喜ばれている。

2021年末には、同市内に姉妹店の「classic」をオープンした。全国でも珍しい、ドリップバッグの専門店だ。世界15か国のシングルオリジン豆を、それぞれ3段階の焙煎度で煎り分けてドリップバッグに商品化(15か国×3＝45種類)。これに、定番のブレンドを加え、全ラインナップは70種近くにのぼる。ドリップバッグは1個から購入できるほか、さまざまな焙煎度や産地を詰め合わせたおすすめセレクションや、同じ焙煎度で統一した「15か国セット」は、飲み比べに人気だ。

①「Ichinomiya」では当初ビーンズショップの中に席を設けていたが、店舗を拡張しカフェを新設。空間を分けることでそれぞれの機能が充実した。
②焙煎機はフジローヤル5kgタイプ。焙煎は最も浅いものでも中煎りで、酸味を抑え、風味を生かしてバランスよく仕上げる。　③繊維の街・一宮市の「せんい団地」に構えるドリップバッグ製作所。販売はECサイトがメインで、実店舗は毎週木曜のみ営業。

豆の価値や多様性を伝えることが
継続的な豆売りにつながる

加藤伸謙（のぶたか）さん

『BASE COFFEE』代表。愛知県内で3店舗を運営。自らも焙煎を手がけるほか、企業からのドリップバッグの製作受注や、コーヒーセミナーの講師も務める。年に一度、「コーヒーの多様性」をテーマに消費者と自家焙煎店やカフェを結ぶイベント「珈琲博覧日」を共同開催。

ベースコーヒーは「コーヒーの多様性を伝える」がコンセプト。その多様性を手軽に体感できるのが、ドリップバッグを使った飲み比べです。当店で製造するドリップバッグは、湯に浸すだけのコーヒーバッグタイプ。70種近くの中から飲み比べるほか、その日の気分でパッケージを選んだり、異なる銘柄を組み合わせて即席オリジナルブレンドを作ったりと、楽しみ方が広がります。

また、当店ではミャンマーにあるマイクロミルの立ち上げを支援し、そこで精製された豆を扱っています。カフェのメニューブックでは生産者の写真付きで紹介し、二次元コードを読み取ると、より詳しいウェブコラムを読むことができます。背景にあるストーリーに触れ、商品の価値に納得して買ってもらうことが、継続的な豆の売り上げにつながると考えています。

COFEE BEANS LINEUP

2023年2月現在

ブレンド・定番

□ モーニングブレンド
中煎り(light-roast)

□ ワークスブレンド
中深煎り(mild-roast)

□ ベースブレンド
中深煎り(mild-roast)

□ デザートブレンド
深煎り(dark-roast)

□ ロックブレンド
深煎り(dark-roast)

□ グラムブレンド
深煎り(dark-roast)

□ カフェインレスコーヒー（メキシコ）
深煎り(dark-roast)

※冬季以外はアイスブレンドあり

シングルオリジン

□ エチオピア ゲルセイ村
中深煎り(mild-roast)

□ ボリビア エルボスケ農園
中煎り(light-roast)

□ ミャンマー ミンドゥイン村 ナチュラル
中深煎り(mild-roast)

□ ミャンマー ミンドゥイン村 レッドハニー
中深煎り(mild-roast)

□ インドネシア マンデリン アルールバダ
中深煎り(mild-roast)

□ コロンビア ノースウィラ
中煎り(light-roast)

□ ルワンダ ガコ農園
中煎り(light-roast)

□ エルサルバドル〈CUP OF EXCELLENCE〉
中煎り(light-roast)

IDEA **1**

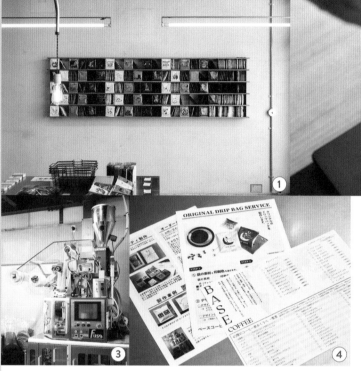

ドリップバッグで飲み比べ体験

オリジナルドリップバッグは以前から販売していたが、ドリップバッグ製造マシンの導入に伴い、品揃えを強化。15ヵ国の豆を3段階に煎り分けた45種類のシングルオリジンを中心に、70種類近くをラインナップする。商品ごとの味わいを記した飲み比べチェック表を用意しており、同じ焙煎度で異なる生産地、同じ生産地で異なる焙煎度といった具合に、比較しながら味わえる。

①ドリップバッグ専門店「classic」。 ②粉を詰めるバッグやタグは、土に還るトウモロコシ由来のバイオマスプラスチック製。 ③国内トップシェアを誇る「FUSO」のドリップバッグ製造機。コーヒー粉を投入すると、窒素ガス充填から包装まで全自動で完成する。 ④飲み比べチェック表と、オーダー製作のチラシ。100個から注文でき、ロースターの持ち込み豆にも対応。

IDEA **2**

イラストでパッケージにも個性

ドリップバッグのイラストは、「リラックス」「感謝の気持ち」「コーヒー農園」などのテーマを設けて一般公募したもの。世界各地のコーヒーと同様、さまざまな作家とのコラボにより、パッケージにも豊かな個性が生まれた。袋のカラーは、焙煎の浅いものから順に白、ベージュ、黒の3タイプを使い分けている。

ラインナップ　パッケージ

ブレンドはシーン別に展開

コーヒー豆の主役となるのが8種類のブレンドだ。飲みやすくオールマイティに楽しめる「ベースブレンド」をはじめ、さっぱりした中にも軽いコクがあり、豊かな香りが広がる「モーニングブレンド」、しっかりとしたコクとさわやかな後味で食後にぴったりの「デザートブレンド」など、シーンに合わせて展開。中煎りは鳥、中深煎りはネコ、深煎りはクマと、焙煎度でパッケージのイラストが異なる。

Web活用

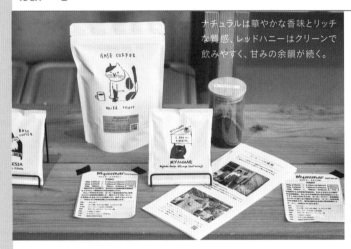

ナチュラルは華やかな香味とリッチな質感、レッドハニーはクリーンで飲みやすく、甘みの余韻が続く。

コラム記事の一部。立ち上げ支援は、生産者の収入を上げ、高品質なコーヒーを継続的に買い付けることを目的としたプロジェクトの一環。

ストーリーや価値を伝える

カフェのメニューブックやウェブサイトのコラム記事では、コーヒー豆や生産者のストーリーを積極的に伝えている。その一つが、2021年、ミャンマーミンドゥイン村での立ち上げを支援したマイクロミル。ナチュラルとレッドハニー（パルプドナチュラル）で精製された2種の豆を仕入れており、2023年夏には、現地で実るパッションフルーツの酵母に漬け込んだインフューズドコーヒーの発売を計画中。

メニュー

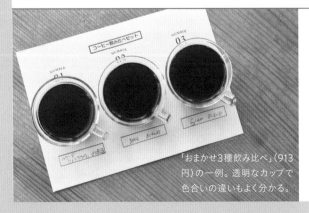

「おまかせ3種飲み比べ」（913円）の一例。透明なカップで色合いの違いもよく分かる。

3種セットや抽出などメニューに工夫

カフェ利用者にもコーヒーに興味を持ってもらおうと、メニューにも工夫を凝らす。例えば「おまかせ3種飲み比べ」は、豆ごとの違いを楽しめるよう、ハンドドリップコーヒーを試飲カップに約90mlずつ注いで提供する。また、高品質なカップ・オブ・エクセレンス（COE）受賞豆は、通常のハンドドリップのほか、豆の味わいがダイレクトに感じられるアメリカンプレス抽出も用意する。

ドリンクサービス

豆との新たな出会いを創出

　ビーンズショップには高性能なボンマックのドリップマシンを設置し、豆の購入者向けにコーヒーサービスを行っている。コーヒーサービスは、豆250gで1杯、500gで2杯、750g以上で3杯と、まとめて買うほど杯数が増える。豆は定番のベースブレンドのほか、日替わりのシングルオリジンを用意し、新たな豆との出会いを楽しんでもらう狙いだ。

販路拡大

自販機で利便性向上＆ワクワク感も

　コロナ禍を機に導入した、コーヒー豆の自動販売機。看板商品のベースブレンドをはじめとした4種類の豆（各100g）と、5個入りドリップバッグを6種類販売している。シングルオリジンまたはブレンドコーヒーの「おまかせ5種セット」（各850円）は、自販機限定商品。銘柄はおまかせで、1袋300〜500円相当の希少なゲイシャ豆やCOE受賞豆が入ることもあり、福袋感覚のワクワク感が受けている。

カード類

特典付きのメンバーズシステム

　無料で登録・発行できる、オリジナルのメンバーズカード。実店舗で現金チャージ1000円ごとにポイントを付与するほか、コーヒー豆（250g以上）が常時10％オフになる特典を用意する。カードの登録内容はアプリに連携でき、スマホひとつで支払いが可能だ。若い世代はアプリ、40代以降になるとカードの利用率が高く、幅広い層のニーズに対応できる。

大阪・玉川

LiLo Coffee Factory

リロコーヒーファクトリー

系列全店舗の焙煎を担う焙煎所兼テイクアウト専門店。2階は生豆の低温倉庫、3階がオリジナル菓子の工房。

所在地：大阪府大阪市福島区玉川3-3-17
TEL：06(6227)8666　営業時間：12時〜18時
定休日：水曜・土曜・日曜　坪数：8坪
物販の客単価：1000円
URL：https://coffee.liloinveve.com

完全キャッシュレスのテイクアウト専門店

2022年8月で8周年を迎えた「リロコーヒー」の焙煎所であり、豆売りとドリップコーヒーのテイクアウト販売を行う『リロコーヒーファクトリー』。2020年のコロナ禍にオープンしたため、時世を鑑みた完全キャッシュレスのテイクアウト専門店とした。

オープンのきっかけは、これまでの焙煎スペースが手狭になったのと、より品質を高めるための設備に投資できるようになったからだ。これを機に焙煎機は、ヘッドロースターである中村圭太さんが以前から使ってみたいと熱望していたローリングを導入。「最初はハマ珈琲さんの半熱風式、2台目は直火式のラッキー、そして3台目のローリングは完全熱風式。熱源が変わると調整は大変ですが、経験として3タイプすべて使ってみたいと思っていました。焙煎機が変わっても、リロコーヒーが目指す味は変わらない。ファーストインパクト、素材のポテンシャル、スイーツのような甘さ。この3つを絶対に表現したい」と話す。

平日は中村さん1人で店に立ち、焙煎をしながら接客を担当。最少人数で店を営業するため、使いはじめたのが全自動コーヒーマシン「ポアステディ」だ。5口それぞれ異なる設定ができるため、日替わりで出している3種類＋アイスコーヒーの抽出スタイルを個別に変えられる。価格はオール300円というのもお得感があり、かねてからのファンにも好評だ。

さらに焙煎した豆のクオリティをチェックする色差計、水分値＆密度計も導入。「こういった機器を使えば、あらゆるものが数値化でき、当たりがつけやすい。お客様に豆の特性を説明する根拠が明確になったのも利点です」。

①焙煎機はローリング ファルコン15kg釜。オールステンレスの完全熱風式。煙は機内で焼却されるため、焙煎機から煙は出ず煙突掃除も不要。
②左は生豆の水分値と密度を測る機械。右は粉にした状態の豆の焙煎度を測る色差計。新しい豆を扱う際にはこれらで数値を測り、焙煎度合いを調整していく。　③NASAの元エンジニアが技術開発したアメリカ製の全自動ドリップコーヒーマシン「ポアステディ」。5口あり、それぞれ湯量、注ぐ湯の円の描き方などを個別に設定できる。

毎日のライブ配信でコアなファンを獲得
ワークショップなどでも交流をはかる

中村圭太さん

『LiLo Coffee Factory』ヘッドロースター。リロコーヒーのオープンから年間約3,000回もの焙煎を繰り返すことで経験と膨大なデータを今もなお、蓄積し続けている。毎日配信しているインスタライブ、コーヒーワークショップ、スタッフ育成なども手掛ける。

僕らは「楽しむ」という姿勢を大切にしていて、お客様は商品を提供する相手というより、いっしょに楽しいことをする仲間。毎日行っているInstagramでのライブ配信など、今できるやり方でコミュニケーションをとっていると、毎回聞いてくれるコアなファンが増えて、結果クチコミやSNSを通して周囲にリロを宣伝してくれるようになり、お客様＝仲間だという感覚がより強まりました。心がけているのは、続けること。続けるからこそ生まれる信頼や安心感があると実感しています。

インスタライブやZOOMでコーヒー教室をすると「対面で教えてほしい」という声が多く、オフラインの重要性も再認識しています。オンラインがメインの時代になったからといって、軸足をそっちに置くのではなく両方を大切にしていきたいですね。

COFEE BEANS LINEUP

2023年2月現在

ブレンド

□ **デイリーブレンド リフレッシュ**
タンザニア・エチオピア／浅煎り

□ **デイリーブレンド ビタリティ**
コロンビア・グァテマラ・エチオピア／深煎り

□ **エスプレッソブレンド**
ブラジル・エチオピア・東ティモール・ミャンマー／深煎り

□ **チルブレンドカフェイン90％カット**
メキシコ・中国／深煎り

シングルオリジン

□ **グァテマラ**
グァテマラ／フリーウォッシュド／浅煎り

□ **エルサルバドル**
エルサルバドル／ウォッシュド／浅煎り

□ **ボリビア**
ボリビア／ウォッシュド／中浅煎り

□ **ドミニカ**
ドミニカ／ワイニーナチュラル／浅煎り

□ **ホンジュラス**
ホンジュラス／ハニー／中浅煎り

□ **ケニア**
ケニア／ウォッシュド／浅煎り

□ **ウガンダ**
ウガンダ／ナチュラル／浅煎り

□ **エチオピア**
エチオピア／ウォッシュド／浅煎り

□ **グァテマラ**
グァテマラ／フリーウォッシュド／中浅煎り

□ **エチオピア**
エチオピア／ナチュラル／浅煎り

□ **メキシコデカフェ**
メキシコ／マウンテンウォーター／中煎り

□ **ブラジル**
ブラジル／パルプドナチュラル／中煎り

□ **チャイナ**
中国／ダブルフォーメンテンションナチュラル／中深煎り

□ **エチオピア**
エチオピア／ナチュラル／中深煎り

□ **インドネシア**
インドネシア／スマトラプロセス／深煎り

□ **ミャンマー**
ミャンマー／レッドハニー／深煎り

□ **東ティモール**
東ティモール／ウォッシュド／深煎り）

COFFEE PROMOTION IDEAS

パッケージ グッズ ギフト

専任デザイナーによるブランディング

創業当初から専任のデザイナーにオリジナルグッズや豆のパッケージ、ギフトボックスのデザインを任せ世界観を統一。豆のパッケージはコーヒーのフレーバーに関連する素材のイラストを散りばめている。コーヒーはプレゼント需要も高いため、ギフトパッケージを多種用意。ペーパーバッグ200円、コットンギフトパッケージ400円、ギフトボックス250円〜。オリジナルグッズの第一弾はウエストシェイプされた分厚いマグカップ1760円。ほかステンレスタンブラー2420円、ピンバッジ660円。

ラインナップ コーヒープロフィール

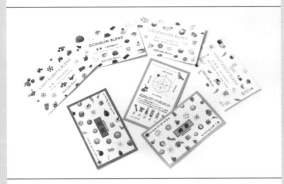

月替わりのブレンドがユニーク

毎月1種登場するシーズナルブレンド。季節感のあるネーミングを先に決めて、イメージに合うブレンドを作り、それぞれの味をイメージさせるフレーバーを描いたカードを作成し豆に添える。2022年は色を、2023年は花札をイメージソースに12ヵ月分のテーマを決めた。たとえば2023年2月は梅鴬（ばいおう）。梅のような明るい酸味、じんわりと広がる青りんごの爽やかさが混ざり合う。

ディスプレイ

焙煎豆をわかりやすくディスプレイ

「焙煎する前の生豆を見たことがない人は多いし、焙煎の過程を知らない人もいるから」と、通りに面したカウンターの下には、サンプルローストを入れたガラス瓶をずらりとディスプレイ。生豆から深煎りまでどのように変化するかグラデーションで並べておくことで、コーヒーに興味を持ってもらう入口になる。また接客時、お客との会話の糸口としても有効だ。

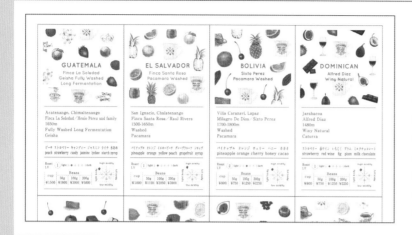

豆の詳細がわかる
ユニークなメニュー表

豆のラインナップは約4種のブレンドと約17種のシングルオリジン。レジ前に置いているメニュー一覧には商品名、価格、産地、焙煎度、味の特徴などのほか、酸味とボディ感のバランスがわかるグラフ、どんなフレーバーが感じられるかなども書き添え、豆の詳細がわかるように丁寧に作りこまれている。

30%オフで提供するアウトレットビーンズ

これまで焙煎から1ヵ月経過した豆は廃棄処分していたが、焙煎機を完全熱風式に変えたことでおいしく飲める期間が延び、30%オフのディスカウント価格で販売するように。フードロスの観点でも、まだ飲める状態の豆を廃棄するより販売する方がいいと考えた。大阪の下町である玉川の地域性にもマッチし、安くておいしいコーヒーを近所で買いたいという層に認知され、新規の常連客の獲得につながった。

系列全店から焙煎後1ヵ月経った豆を集め、同店で値下げ販売する。

全自動コーヒーマシーンで入れるホットコーヒー300円。豆の種類は3種から選べ、不定期で入れ替わる。

地域を大切にした取り組みで認知度アップ

心斎橋にある系列2店舗はコーヒー好きが集まるが、同店は下町の人の往来が少ない立地であるため、地元客に手軽にコーヒーを飲んでもらう取り組みが重要と考え、近隣住民や近隣で働く人に、店舗情報を記載したコーヒーチケットを無料配布。店の存在とスペシャルティコーヒーを知ってもらうきっかけづくりに役立った。

IDEA 7

Web 活用

インスタライブを"毎日"配信

コロナ禍で時短営業になり、営業終了時間がくり上がったとき、空いた時間で何をすべきか話し合い、スタートさせたのがインスタライブ。営業時間が戻った今でも続けている。日曜日に1週間限定で20％オフ＆送料半額で販売する豆を発表し、月曜から土曜はその豆を紹介。豆を仕入れた経緯や味わい、おすすめの抽出方法などを深堀りして伝えている。リアルタイムで視聴者からの質問に応えるコーナーも。

IDEA 8

ラインナップ

水出しの器具と豆をセット販売

水出しの専用ジャグとおすすめの豆200ｇを組み合わせた「はじめての水出しコーヒーセット」を販売。通常だと3150〜3550円のところ、3000円に。おすすめの器具でアイスコーヒーを手軽に楽しんでもらえ、また器具があることで継続的な豆の購入も期待できる。豆は1回分（50ｇ）を推奨の挽き目で包装し、残り150ｇは豆のままか挽くかを購入時に選べる。

IDEA 9

Web 活用

抽出法を多数紹介

ホームページでコーヒーの抽出方法を器具別に紹介。特筆すべきは紹介する器具の多さで、計10パターンを掲載。それぞれ1杯分の抽出レシピ（コーヒー豆の量、挽きめ、湯量、湯温、抽出時間）、手順を丁寧に明記。店で使用するハリオV60に至っては「浅煎り」「中〜深煎り」で異なる抽出方法を紹介している。

IDEA 10

販路拡大

独自制作の冊子とコーヒーのセット

大阪の魅力を発信する読み物と、そのテーマに合わせて作るブレンドのドリップバッグ5個をセットにした「THIS IS OSAKA」1000円を2023年2月から販売。冊子はスタッフ自ら取材して記事を作成。独自のメディアとコーヒーを組み合わせることで、地域密着の自家焙煎店としての認知度を高め、また冊子を介して他のメディアと連携したり、土産店や地域のホテルへの設置も視野に、新たな客層の開拓を試みる。

3 CEDARS COFFEE Roastery

スリーシダーズコーヒーロースタリー

所在地：大分県大分市大字常行字仲間の久保258-3
TEL：097（576）9307
営業時間：11時〜18時
定休日：火・水曜
坪数・席数：20坪・4席
物販の客単価：2000円
URL：https://3cedarscoffee.com

計算された幅広い焙煎で、地域になじむ

店主の庄司三杉さんは、福岡市の人気コーヒーショップで約11年勤め、故郷の大分県で2015年末に独立開業。同店のアイデンティティは庄司さん自ら産地に足を運び、仕入れる生豆を選んでいることだ。毎年必ずニカラグア、ホンジュラス、ルワンダへ赴き、さらに2年に1度はエチオピアへ。それに加えて商社などから声がかかれば、ほぼ必ず同行するようにしている。自ら産地に足を運ぶのは、原料から差別化する意味もあるが、そこで目にした景色、現地の空気感から得たインスピレーションを焙煎に落とし込みたいから。

果物のようなフレーバー、ジューシー感のある生豆を中心に仕入れている同店。開業時はそのポテンシャルを最大限感じてもらおうと浅煎りのみだったが、お客からは深めの焙煎を求められた。庄司さんが目指したのは、ボディ感はありつつも軽やかで、クリーンカップ、マウスフィールに秀でた深煎り。そのために焙煎機を改良した。「生豆の投入温度、投入後の温度変化を微妙に調整するなど、いろいろ試しましたが、やはり納得のいく深煎りができませんでした。そこでドラムの回転数を変えられるように改良し、焙煎のコントロールの幅を広げました」。

庄司さんは「コーヒーは多様性のあるドリンクですから、より多くのお客様の好みに合わせる必要があると考えています。とはいえ、自分自身が理想とする個性、フレーバーを感じられる焙煎という柱の部分は変えてはいけない。そのための手段があるなら、積極的に取り入れていきたい」と話す。その言葉通り、焙煎前後の豆の水分量を計測する機器や、焙煎度合いを数値化するローストアナライザーといったマシンも導入。感覚的ではなく、ロジカルに、過去のデータと照らし合わせながら日々焙煎に取り組んでいる。

①豆の水分量を計測する機器は、焙煎前後に計測。その差を比較して、その後の焙煎に活かしている。　②ローストアナライザー。焙煎した豆をグラインドし、色の濃さで焙煎度合いを数値化。　③店主兼ロースターの庄司三杉さん。使用している焙煎機は1968年製のPROBAT UG22。産地に足を運び、仕入れる豆を選ぶスタイルを開業時から一貫。生産者と直接話していることから、生豆に対しての愛情も深い。開店から約7年を経て、大分市内を中心に新たなコーヒーカルチャーを根付かせているところだ。

お客様の暮らしにフィットする
コーヒーであり続けたい

庄司三杉さん

1978年、大分県大分市生まれ。大学進学を機に移り住んだ福岡市のコーヒーショップでエスプレッソと出会い、純粋な興味からコーヒー業界へ。最初はシアトル系のコーヒーチェーン、その後、独立系のコーヒーショップでバリスタ、ロースターとして約11年にわたり経験を積む。2015年に前職を退職し、2016年3月に「3 CEDARS COFFEE」を開業。現在、大分市内に豆売り専門店を2店舗展開。

味わいの好み、感じ方は人それぞれですから、わかりやすさを重視してすべてのコーヒーの試飲を用意しています。その上で豆が持っているフレーバーといった特徴、さらにどのように栽培されてきたかなど裏側に流れるストーリーをスタッフがご説明し、豆を選んでいただくという形が売り方の基本です。

最初は「挽きたてがおいしいです」「ハンドドリップで淹れるのがおすすめです」といった提案もしていましたが、お客様それぞれでライフスタイルが違いますし、例えば朝からコーヒーを淹れる時間に多くを充てられないという方もいらっしゃいます。そのため、今は僕たちからそういった提案をすることはしなくなりました。気軽にコーヒーメーカーで淹れていただくなど、楽しみ方はお客様の自由というのが今の考えです。

そういった考え方の変化から、開業当初は浅煎りがほとんどだった焙煎度合いも、今は中煎り、深煎りを用意。今後、浅・中・深の比率を同等にしていくことも考えています。

COFFEE BEANS LINEUP

2023年2月現在

□エチオピア イルガチェフェ チェルベサ CWS（浅煎り）

□ホンジュラス ラ・ビクトリア農園 ゲシャ種 ナショナル・ウィナー（浅煎り）

□ホンジュラス エル・バラコン農園 ベルナルド・モレノさん（浅煎り）

□エチオピア シダモ ディカフェ マウンテン・ウォーター・プロセス（中煎り）

□ブラジル ヘクレイオ農園 セレクティブ・ナチュラル（中煎り）

□インドネシア ジャバ・フリンサ・エステート フリーウォッシュド（深煎り）

□アフター・アワーズ　ダークロースト（深煎り）

□ノラ・ブレンド ダークロースト（深煎り）

□プリマヴェーラ・ブレンド 2023（中煎り）

COFFEE PROMOTION IDEAS

IDEA 1
ラインナップ

焙煎度合いは幅広く

浅煎り4種、中煎り2種、深煎り2種といった比率で常時8種ほどの豆を展開。生豆のセレクトは品種自体が持つフレーバーや個性を重視しており、プロセスはナチュラルやウォッシュド、フリーウォッシュドなど伝統的な生産処理方法のものを選ぶことが多い。常時用意しているブレンドは深煎りと中煎りの2種。200g1620円〜。

IDEA 2
パッケージ

産地の空気感を大切に

豆のパッケージはロゴマークと豆の種類のみの記載とシンプルだが、オンラインストアやプライスカードには庄司さんが産地で撮影した写真を使用。コーヒー農園で働く人々のオフショットや、町のふとした風景を用い、中にはコーヒーとは無縁の花の写真を使うことも。味わいのイメージ、生豆の裏側に流れる物語をビジュアルで表現している。

IDEA 3
ギフト

ちょっとした手土産に重宝

箱入りの5Days Dripbag（5個1080円）、ドリップバッグにオリジナルの巾着袋が付くDripbag Set（10個2160円、30個5832円ほか）がプレゼント用として人気。ブラジル・ホンジュラス・エチオピアをブレンドした「ラ・モンターニャ・ブレンド」、「ノラ・ブレンド」を定番に、シングルオリジンを含め全6種をラインナップ。

IDEA 4
グッズ

デザイン性と使い勝手を大切に

マグカップ（2200円）、ミアー トラベル・タンブラー（4400円）、Tシャツ（3300円〜）、マルチに活用できるナルゲンボトル（2200円〜）などオリジナルグッズも人気が高い。庄司さんの趣味が登山なこともあり、アウトドアシーンでも活躍するアイテムが多い。「グッズは夏季の売上を補填するためという側面もある」と庄司さん。

テイスティング

試飲で好みの味わいを見つけてもらう

すべてのコーヒーを試飲できるようにしている。「豆売り専門なので、好みの味わいのコーヒーを買っていただくために試飲は必須と考えています。味わいが最も伝わりやすいプレゼン方法ではないでしょうか」と庄司さん。JR西大分駅前にある「3 CEDARS COFFEE」でも同様に試飲は全種用意。あらかじめハンドドリップで抽出し、サーバーに入れて保温。

ドリンクサービス

味わい体験の意味も込めて

豆購入者にはドリップコーヒーを1杯サービス。基本的にサービスドリンクの豆は店側でチョイスし、購入した豆とは焙煎度合いが異なる豆をあえて提供することもある。「いつも深煎りを購入されるお客様が、サービスドリンクを通して浅煎りや中煎りのコーヒーを購入していただくようになるケースも多いです」と庄司さん。

勧め方

豆の裏側に流れるストーリーは
言葉で伝える

試飲だけでは伝わりづらい産地のこと、コーヒー農家のこと、どんな豆かなどの説明はスタッフが直接行うことで、豆選びの参考にしてもらっている。おすすめの淹れ方、おいしく抽出するコツなどは質問されれば答えるが、「お客様にはそれぞれのコーヒーの楽しみ方があってよい」と、店側から積極的に発信することはない。挽き売りの際は、使用している抽出器具の確認をした上で、メッシュを調整。

福岡・天神

REC COFFEE 天神南店

レックコーヒー

所在地：福岡県福岡市中央区渡辺通5-1-19
　　　　Hotel the Park1階
TEL：092（406）5214
営業時間：11時〜22時（金曜は23時まで。
　　　　　　土曜は10時〜23時。日曜・祝日は10時〜22時）
定休日：無休　**坪数**：20坪　**物販の客単価**：1400円
URL：https://rec-coffee.com/

店舗を拡大するにつれ、考え方もより柔軟に

2014年、2015年とジャパンバリスタチャンピオンシップ2連覇、さらに2016年ワールドバリスタチャンピオンシップ準優勝と、世界的なトップバリスタの一人である岩瀬由和バリスタ、北添修バリスタが共同代表を務める『REC COFFEE』。2020年8月に開店した『天神南店』を含む福岡市内のカフェ5店舗、東京の2店舗を運営。さらにコロナ禍の2021年には台湾に2店舗をオープンするなど、ますます精力的に規模を拡大する、福岡が全国に誇るコーヒーショップだ。

そんな抽出のプロフェッショナル集団だが、2018年から自家焙煎にも着手し、豆のラインナップが多彩になった。それまでは浅〜中煎りを主としていたが、より幅広いニーズに応えるべく深煎りの「キッサブレンド」を通年商品としてリリースするなど、常にニーズに寄り添い進化。岩瀬バリスタのコネクションを活かして仕入れる希少なパナマゲイシャに代表される特別な豆から、日常的に楽しめる低価格帯のコーヒーまで、幅広い商品を展開している。もちろん生豆はすべてクオリティを重視したスペシャルティコーヒーで、定番ブレンド4種、シーズナルブレンド1種、シングルオリジン5種、デカフェ1種を常時用意。さらに、「スペシャルリミテッドセレクション」として特別なラインの豆も1、2種を不定期で登場させている。

店舗での抽出方法も多彩になった。「抽出方法もペーパードリップを導入するなど、一昔前の考え方とは違います。以前はスペシャルティコーヒーは豆が持つ味わいを余すことなく抽出できるフレンチプレスが適していると考えていましたが、ペーパーフィルターの良さもあることを私たち自身学びました。実際ご自宅ではペーパーフィルターでドリップされているお客様が多いですし、コーヒーメーカーを使われている方もいらっしゃいます。淹れ方はそれぞれあっていい」と岩瀬バリスタは話す。

①ホテル併設の『天神南店』。コーヒーの抽出は豆が選べるハンドドリップに加え、エスプレッソマシン、水出しがメイン。Wi-Fi完備、店内奥のカウンター席にはコンセントもあり、仕事利用も多い。　②専属のパティシエが手がけるスイーツも好評。店舗ごとに限定スイーツを用意するなど、各店のカラーを大切にしている。写真は『天神南店』限定の天神ベイクドプリン（420円）、ハンドドリップコーヒー（490円〜）

岩瀬由和さん

1981年、愛知県岡崎市生まれ。2008年に北添修バリスタと一緒に移動販売店舗『REC COFFEE』を創業。2010年に初の路面店となる薬院駅前店を開店し、以降店舗を拡大中。2022年3月オープンと最新店となる渋谷東店は、COFFEEHOUSE NISHIYAの場所と思いを継承したことでも話題だ。現在、岩瀬さん自身は競技会の審査員、セミナー開催など多岐にわたり活動。

送料無料商品や限定販売など
オンラインストアの拡充で売上が増加

当店はもともとカフェ利用による売上が大半を占めていたこともあり、コロナ禍を経て、豆やドリップバッグの売り方を工夫しました。特にテコ入れしたのがオンラインストアです。「コーヒーバッグコンプリートセット」、コーヒー豆3種セットの「バリスタセレクト」、お一人様1回限り購入可能な「トライアルセット」は、オンラインストア限定販売かつ送料無料ということもあり、初めて当店のコーヒーをお試しいただくお客様などから多くご注文をいただい

ています。

店舗での売り方は以前と大きくは変わりませんが、おうち時間をより豊かにしたいと考えるお客様が増えたこともあり、ギフト商材の需要が高まっている印象です。それを受け、カフェオレベースと焼菓子の組み合わせ、季節のコーヒーバッグメインのギフトなど、さまざまなパターンの商品を準備しています。牛乳で割るだけのカフェオレベース、そのままストレートで飲めるリキッドアイスコーヒーなどの人気も高いです。

COFFEE BEANS LINEUP

2023年2月現在

□博多ブレンド／中煎り

□ルーシーブレンド／中深煎り

□キッサブレンド／深煎り

□シーズナル スプリングブレンド／中煎り

□ゲイシャブレンド／中煎り

□ロット550／ジャンソン農園 - パナマ - ／浅煎り

□イルガチェフェ・コケ／エチオピア／中煎り

□イルガチェフェ・ゲルセイ・ルージュ／エチオピア／中煎り

□ギチェロリ／ケニア／中煎り

□カルモ・エステート／ブラジル／中煎り

□シェキナ／エルサルバドル／中煎り

□ディカフェ／メキシコ／中深煎り

COFFEE PROMOTION IDEAS

IDEA 1 Web活用

オンライン限定、送料無料のお試し的商品

オンラインストアの商品一覧ページでも最初に紹介されているオンライン限定販売の3種の商品。それがコーヒーバッグ5種×2個、計10個入りの「コーヒーバッグコンプリートセット」(2180円)、ブレンドセット、フルーティセット、ニューアライバルセットの3種から選べる「バリスタセレクト」(3300円)、50g入りパックが4種入った「トライアルセット」(1600円)。ポスト投函型のゆうパケットで送付できるようにしたことで送料無料にしているのもポイントだ。

IDEA 2 グッズ

使う人・シーンを選ばないシンプルなデザイン

数量限定のオリジナルグッズも不定期で登場。2023年2月現在、店頭とオンラインで販売しているのは、日本発のジッパーバッグブランド「pake®」とコラボしたジッパーバッグ(660円)。店頭ではコーヒーバッグ3種付き(880円)もあり。防紫外線、防水、防塵、防臭など機能性が高く、繰り返し使用できるのも魅力。カラーはREC COFFEEのコーポレートカラーの青で、裏面にはロゴをプリントしたシンプルなデザイン。売切れ次第終了だ。

IDEA 3

ゲイシャ種を中心とした特別な豆

スペシャルリミテッドセレクションと題し、世界中の農園から選りすぐりのコーヒー豆を厳選。過去にはパナマエスメラルダ農園など希少なゲイシャ種を販売してきた。「トッププロデューサー」と呼ばれる生産者たちと岩瀬バリスタの繋がりがあってこそ仕入れられる生豆ばかりだ。

IDEA 4

豆1kgを購入すれば約20%引きに

定番ブレンドは4サイズを販売し、ボリュームディスカウントを実施。例えば博多ブレンドの場合、100ｇ850円が、250ｇなら1800円、500ｇだと3420円、1kgになると6630円と内容量が増えるほど割引になる。シングルオリジンも基本的に100ｇ、250ｇ、500ｇを用意し、ブレンド同様に割引に。

IDEA 4

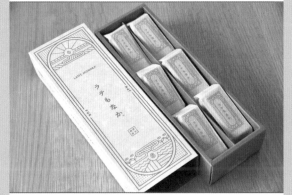

違う側面からファンを増やす

2021年5月に登場した「ラテもなか」(1780円)はコーヒーショップのこだわりが詰まった商品で、新たなファン獲得に一役。2022年11月にNIKKEIプラス1にて「コーヒー香るネオ和菓子」ランキング1位を獲得したことで人気が急上昇。餡に加え、皮にもコーヒー粉を混ぜ込むことで、一口目からコーヒーの香り、風味がしっかり。中はコーヒー餡とミルク餡の2層になっており、カフェラテ特有の味わいの複雑さを表現するなど随所に工夫を凝らしている。

IDEA 5

汎用性の高さも魅力のリキッド商品

ミルクと合わせるだけで本格的なカフェオレが楽しめるとあって、一年を通して人気が高いカフェオレベース。「ミルクで割った時の味わいのバランスを重視し、焙煎度合いや抽出方法を何度も見直しながら完成させた自信作」と話すように、店舗でもおすすめ商品としてプッシュしている。

兵庫・三宮

Coffee Temple

———

コーヒーテンプル

所在地：兵庫県神戸市中央区磯辺通4-2-26
新芙蓉ビル1階
TEL：078（221）6803
営業時間：7時〜18時、土曜7時〜17時30分、
日曜8時〜17時30分
定休日：なし　　**坪数・席数**：25坪・32席
物販の客単価：1000円
URL：https://coffee-temple-kobe.com/

創業50年を迎えた、スペシャルティを提案する喫茶店

1972年に創業した喫茶店『Coffee Temple』。オープン間もなく当時では珍しかった自家焙煎に着手。2000年代にはすでにスペシャルティコーヒーを扱うなど、喫茶店としては希有の存在だ。現在の二代目店主・田和佳晃さんは2010年にSCAJコーヒーマイスター、2015年にアドバンスド・コーヒー・マイスターの資格を取得。ジャパンハンドドリップチャンピオンシップ決勝への出場経験があり、2016年からは審査員として活躍。店では生豆の仕入れや焙煎を手がける。

店の柱となるブレンド「テンプル」は、スペシャルティのみを使用した中深煎り。客層は界隈のビジネスマンが主流で苦いコーヒーを好むため、ほろ苦くミルクとの相性がいい深煎りブレンド「こくたん」、アイスコーヒー用にはさらに苦さを際立たせた極深煎り「ぬればいろ」など、深煎りのバリエーションが豊富だ。

価格はホットコーヒー460円〜、オープンから11時までは380円〜と手頃な価格。オープンからランチ終わりの15時まではコーヒーの利用客が多いため、ネルドリップで10杯だてしたものをストックし、オーダー後に再加熱して提供。15時以降はオーダーごとに都度サイフォンで抽出。2杯分500円〜で、1杯はカップ、もう一杯分はポットで提供している（ゲイシャを除く）。

コロナ禍は国や自治体の補助金を活用し、店にテイクアウト専用窓口を設け、新規客を獲得。豆やドリップパックの自動販売機を設置し認知度アップを図った。焙煎所には大型のドリップバッグ充填機を導入し、スーパーへの卸業もスタート。自社商品を届ける方法を多数見い出し、販路の拡大に成功している。

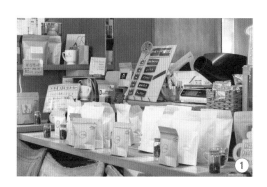 

①入口すぐの場所にある物販スペース。豆はブレンド7種、ストレート12種。100g600円〜　②オフィスビルの1階にあり2面がガラス張り。奥が客席。全席喫煙可能。　③苦みがまろやかに仕上がるネルドリップのアイスコーヒー440円は通年提供。苦いコーヒーを好み、砂糖、フレッシュを利用する常連客が多いため、極深煎りを用意する。　④ホットコーヒー460円（11時までは380円）。ネルドリップで10杯だてしたものをストックして提供。客足が落ち着く15時以降はオーダー後にサイフォンで抽出している。

田和佳晃さん

『Coffee Temple』店主。先代である父親から店を引き継いだ二代目で、焙煎を担当。日本スペシャルティコーヒー協会ブリュワーズ委員・競技会審査員で2022年より審査員の育成を手がける。自身はジャパンハンドドリップチャンピオンシップ2012で全国5位。

ターゲットはコーヒーのライトユーザー。充填機を導入しドリップバックの販路を拡大

　自家焙煎のコーヒー豆を売る立場として、以前はお客様に自宅で豆を挽いて飲んでもらいたいという想いがありました。ですが、うちは喫茶店という特性上コーヒーマニアの方より、ライトに楽しみたい方が多い。そこで手軽に利用できるドリップバッグのラインナップを増やしました。2022年12月にはドリップバックの充填機を導入。1分間で60個製造できるので生産性が飛躍的に伸び、店頭、オンラインショップ、ふるさと納税サイトで安定的に販売できるように。兵庫県産の食品や地元の名産を揃えたスーパーマーケット「ヤマダストアー須磨離宮公園前店」で卸売りもしていて、そのイートインスペースで使用しているコーヒーも、うちの豆を採用してもらっています。今後はこの充填機を使ってドリップバッグのOEMにも挑戦する予定です。

COFFEE BEANS LINEUP

2023年2月現在

ストレート

□**深煎りケニア カリアイニ AA**
　ケニア／ウォッシュド／深煎り

□**深煎りエチオピア ドゥメルソ**
　エチオピア／ナチュラル／深煎り

□**ブラジル イルマスペレイラ**
　ブラジル／ナチュラル／中深煎り

□**モカ イルガチェフェ**
　エチオピア／ウォッシュド／中煎り

□**グアテマラ ブエナビスタ**
　グアテマラ／フーリーウォッシュド／中深煎り

□**グアテマラ エル・イルヘント・ブルボン**
　グアテマラ／フーリーウォッシュド／中深煎り

□**イエメン シャムス**
　イエメン／ナチュラル／中深煎り

□**コスタリカ ピエサン**
　コスタリカ／ホワイトハニー／中煎り

□**メキシコ プルマリゼルマ**
　メキシコ／ウォッシュド／中深煎り

□**マンデリン リントンニフタ**
　マンデリン／スマトラ式／深煎り

□**パナマ エスメラルダ・ゲイシャ**
　パナマ／フーリーウォッシュド／中煎り

ブレンド

□**テンプルブレンド**
　ブラジル、コロンビア、グアテマラ、エチオピア／中深煎り

□**50周年アニバーサルブレンド**
　パナマ、エチオピア／中深煎り

□**はく季節のブレンド**
　ケニア、エチオピア／深煎り

□**ハワイアングロット**
　エチオピア、ブラジル、コロンビア／中煎り

□**こくたん**
　ブラジル・グアテマラ・インドネシア／深煎り

□**ぬればいろ**
　ブラジル、インドネシア、グアテマラ／極深煎り

□**デカフェブレンド**
　ブラジル・コロンビア・エチオピア／中深煎り

COFFEE PROMOTION IDEAS

IDEA 1 ディスプレイ

工夫を凝らしたディスプレイ

入口を入ってすぐの場所にある物販コーナー。どれを選べばいいかの指標になるよう売れ筋をボードに書いて掲示している。店名が付いたオリジナルブレンド「テンプル」は不動の1位。ディスプレイは棚の最下段はストック置き場にし、目線が届きやすい上段に商品を並べるなど、見やすさを重視。季節感のある置物などで装飾する場合もある。

IDEA 2 販路拡大

認知度アップにつながる自販機

神戸市内中小企業チャレンジ支援補助金を利用して2020年、店から徒歩5分の場所にある自社倉庫の前に自動販売機を設置。本来、自動販売機を設置するには場所代と利益の兼ね合いが危惧されるが、こちらは自社倉庫の敷地内だったため、導入しやすかった。設置当初はまだコーヒーの自動販売機が目新しかったため注目されやすく、店を知ってもらうきっかけになりやすかった。販売しているのはドリップバッグが中心で、夏季はコーヒーゼリーも販売しよく売れている。

IDEA 3 ラインナップ

催事にあわせて新商品をリリース

2023年2月は阪急百貨店・神戸阪急のバレンタインフェアに出店。同タイミングで期間限定のバレンタインブレンドを考案。定番のテンプルブレンドでは使っていないケニアとコスタリカの豆をブレンドした新鮮な味わい。豆200g1450円、ドリップバッグ160円。またかねてから作ってみたかったというコーヒーの保存缶1800円も催事に合わせてリリース。雑貨としてのかわいらしさがあるため、コーヒーに興味がない層へのアプローチも狙っている。

テイクアウト専用カウンター

　国の持続化補助金制度を利用し、店の勝手口を改装してテイクアウト専用カウンターに。毎日9時〜テイクアウトのコーヒーを販売している。界隈はオフィス街なため、平日はランチタイムの利用が多い。週末は近隣に大きな公園があるため、ファミリー層の需要が増える。喫茶利用者には喫煙者が多いが、テイクアウトは入店せずにコーヒーが買えるため嫌煙家やベビーカーを押すママ層も利用しやすいという利点もある。

朝限定のポットサービス

　朝7時〜9時はテイクアウト専用カウンターでセルフサービスのコーヒーを1杯100円で提供。カウンターにポットと紙コップを用意しておき、お客が自分で注いで持ち帰る。支払いは現金を缶に入れるか、QRコードを読み込むことでスマートフォン決済も可能だ。スタッフは対応しない完全セルフサービスなため、人件費はかからず、店の味を知ってもらう良い機会になっている。

IDEA 6

ラインナップ

自店の豆で多彩に商品開発

　ドリップバッグは定番のブレンドやシングル、カレー店とコラボした
カレーに合うコーヒーなどのほか、水出しで利用できるもの、ディップ
式のものなど多彩な品揃え。個包装していないドリップパックはお徳
用として12個セットで1200円に。ストレートコーヒーは効率的に売り
切るため100ｇ×5袋3000円、200ｇ×3袋3600円のお得なセット
売りを用意する。ほかオリジナルのカフェオレベース250㎖850円、ア
イスコーヒーリキッド1ℓ900円なども販売。

IDEA 7

テイスティング

セルフの試飲コーナー

　自家焙煎コーヒーのおいしさを知ってもらうため、物販スペースに
自由に飲める試飲コーナーを設置。自宅で淹れた際の味をイメージ
できるようコーヒーメーカーで抽出している。スタッフを介さず、お客
自身が注いで飲めるようにしているため、より気軽に試せるという点
も客層に合致している。豆は店が選んだもの1種を日替わりで提供。

IDEA 8

販路拡大

手軽なドリップバッグで販路を拡大

　神戸市須磨区にある焙煎所に導入したドリップバッグの充填機を
フル活用。ドリップバッグ10種をセットにしたアソート1566円を「ふ
るさとチョイス」のサイトで販売。また兵庫県姫路市を中心に展開し
ているスーパーマーケット「ヤマダストアー須磨離宮公園店」でドリッ
プバッグを販売するほか、イートインスペースで提供するコーヒーも
同店のもの。

千葉・船橋

PHILOCOFFEA シャポー船橋店

—

フィロコフィア

※2023年4月12日までは「RUDDER COFFEE」の店名で営業

所在地：千葉県船橋市本町7-1-1 シャポー船橋南館内1階
TEL：047（409）5655 　**営業時間**：10時〜21時
定休日：不定休 　**坪数・席数**：5.5坪・6席
客単価：1100円
URL：https://philocoffea.com

『フィロコフィア』は現在
3店舗を運営。駅直結
のビル1階に入る同店は、
人通りが多い地の利を
武器に「窓口になるお
店」として運営する。

「テイストファースト」を掲げ、コーヒーの多様性を提案

ワールドブリュワーズカップ2016で世界チャンピオンとなった粕谷 哲さんと、船橋コーヒータウン化計画実行委員長の梶真佐巳さんが手がける自家焙煎店『フィロコフィア』。JR船橋駅直結の商業ビルの中にある『シャポー船橋店』はひと月4000人近くを集客する人気店だ。

5.5坪のスペース内に屋台を模したカウンターキッチンを配し、それを取り囲むように物販の棚やイートイン席を設け、小規模ながら魅力あふれる店づくりを行っている。販売する豆はすべてスペシャルティで、シングルオリジンを常時5〜8種類、定番のブレンドを固定で3種類揃える。粕谷さん自ら産地に赴いて仕入れる最高ランクの豆や、同店用に特別な精製がなされた豆に出会えるのも醍醐味だ。

コーヒーの味づくりで心がけているのが"テイストファースト"であること。固定観念にとらわれず、自由な発想でやってみて、おいしければ正解とする、という同店の品質管理ポリシーだ。焙煎でいえば、例えばエチオピアのシングルオリジンなら浅く焼くのがセオリー。これをあえてダークローストにし、豆の甘みと程よい酸味を活かせる焙煎を試行錯誤する。こうした探求により、多様性のあるコーヒーの提供が可能に。はじめは酸味が苦手なお客でも、その多様性にふれて酸味のよいイメージを受け取り、次回違った味わいに挑戦する等、お客の選択肢を広げることにつながっている。

コロナ禍にはディップスタイルコーヒーをリニューアルしたところ、ギフト需要が伸び大ヒット商品に成長。お客に寄り添った接客でもファンを増やし、現在坪月商100万円を達成する。

①焙煎機はLORING社のスマートロースター15kg釜。1日に20〜30バッチ焙煎する。焙煎所は同店から徒歩5分程の場所で、もともと『フィロコフィア』の本店だった場所を利用。　②物販の棚はコーヒー豆（200gパック）、ディップスタイルコーヒーを始め、アイスコーヒーのリキッド、カフェオレベース、マグカップなど、オリジナル商品を中心に構成。　③キッチンカウンターの裏側には客席も。チャイラテやコーヒーカクテルも楽しめる。

橋本さくらさん

大学生の頃、アルバイト先として選んだのが『PHILO COFFEA』。バリスタとして同店の立ち上げに関わる。代表の粕谷 哲氏とのなにげない会話から焙煎のキャリアもスタートすることに。大学卒業と同時に同店に入社し、現在は日々の焙煎に加え、ストアマネージャーも兼任し、スタッフ教育にも尽力する。

地道な声がけや日々の会話が
お客を増やし、その輪を広げる

当店は駅に直結した場所柄、学生さんからご年配の方まで客層が幅広いのが特徴です。コーヒー好きな人からコーヒーに詳しくない人まで、様々な人が立ち寄ってくださいます。

そのため商品づくりや売り場づくりでは常にお客様目線を持って、検証を繰り返しています。お客様の動きをデザインできるような陳列を工夫してみたり、ディップスタイルのセットの個数がお客様にとって適切でないと思えば変えてみたり、高価格になってしまう豆なら豆売りではなく、小ポーションの商品展開にしてみたり。

同様に大事なのが「接客」です。当店は常連客が多く、お客様と距離が近いのが強みですが、これはスタッフの日々の声掛けによるものです。通りすがりの方への挨拶や、棚を覗いている人がいれば、購入に繋がらなくてもパンフレットだけでもお渡しする。それが次の利用に繋がり、贈り物にも使って下さり、今度はもらった人がお客様としてご来店下さる。地道な努力からコーヒーの輪が広がることを実感しています。

COFEE BEANS LINEUP

△ RUDDER COFFEE

2023年2月現在

定番ブレンド

□012 RUDDER BLEND Medium
　エチオピア、コロンビア、グアテマラ／中煎り

□013 RUDDER BLEND Medium Dark
　ケニア、ブラジル、ホンジュラス／中深煎り

□014 RUDDER BLEND Dark
　コロンビア、ブラジル、グアテマラ／深煎り

トップスペシャルティ

□337 Costa Rica『TOMODACHI』【粕谷プロセス】
　コスタリカ／ダブルアナエロビックナチュラルプロセス
　／浅煎り

□334 Panama Geisha Hartmann Special Lot
　パナマ／ナチュラルカーボニックマセレーション／浅煎り

シングルオリジン

□153 Costa Rica Herbazu Black Honey
　コスタリカ／ブラックハニープロセス／深煎り

□152 Ethiopia Konga Natural
　エチオピア／ナチュラル／深煎り

□160 Ethiopia Rumudamo Washed
　エチオピア／ウォッシュド／浅煎り

□163 Rwanda Simbi Washed
　ルワンダ／ウォッシュド／浅煎り

□154 El Salvador Santa Rita Natural
　エルサルバドル／ナチュラル／中煎り

COFFEE PROMOTION IDEAS

IDEA 1

ラインナップ ディスプレイ ギフト

ディップスタイルになじみがない人も多いため、透明のカップで使用イメージをディスプレイ。

ディップスタイルコーヒーが大ヒット商品に!

ティーバッグのようにお湯に浸すだけで手軽にコーヒーが淹れられるディップスタイルコーヒー。同店ではコロナ前から販売していたが、コロナ禍に入り、おいしい淹れ方の解説や粕谷さんのプロフィールを同封したり、もともと1箱3袋セットだったのを、「おいしさを他の誰かと共有できるように」と6袋セットに変更したところ、"プチギフト"の需要も増えて月間販売数が3.7倍、売上は4.4倍に増加した。

2022年は3200箱(ディップスタイル全般では9732個)を販売。

左／「ブレンド飲み比べセット(6個入り)」1296円　ギフト需要の高い売れ筋商品。同店の定番ブレンド3種類(浅煎り、中煎り、深煎り)×2袋のセット。　中／「シングルオリジン飲み比べセット(6個入り)」1620円　お客からの要望でシングルの飲み比べも用意。写真はエチオピアの個性的な味わい3種×2袋のセット。　右／「トップロット飲み比べセット(6個入り)」2160円　最高品質のコーヒーも、誰でも同じように淹れられるディップスタイルで展開したところ人気商品に。

IDEA 2

ラインナップ

最高級品を広く届ける商品を開発

高品質な豆を取り扱う同店では、最高級ランクの希少な豆も度々登場する。写真の「334」もそのひとつ。大変有名な農園のゲイシャを15kg購入できた際、これを豆売りではなく、1杯用のコーヒー粉にして販売。小袋で窒素充填包装することで一年間風味を持続させることができ、また豆売りなら100g1万円を超えるところ1袋1620円で販売でき、買う側のハードルも下がると考えた。おいしいコーヒーをより多くの人に、という想いが生んだ商品だ。

IDEA **3**

勧め方

お客のコーヒーの悩みに向き合い、楽しさを伝える

「ただコーヒーを買いに来るお店ではなく、コーヒーの悩みがあったら来てもらうお店」にしたいと、豆選びであれば、味わいの説明をHP上のコメントとは別に、スタッフ自身が感じた印象が分かりやすく伝えたり、抽出であれば店での淹れ方や、挽き目に至るまで丁寧にアドバイスする。

コーヒーを渡す際には「温度が冷めてもおいしいのでゆっくりお楽しみください」と一言添えるなど、どんなコーヒーで、どうしたらよりおいしく飲めるのかをスタッフなりの言葉で伝えるようにしている。

IDEA **4**

ドリンクサービス

こうしたサービスはテイクアウト用であることが多いが、同店では店内仕様にも対応。

ラテも選べる無料ドリンクが、豆の購入を後押し

コーヒー豆200g以上の購入で、ハンドドリップコーヒーかカフェラテを無料で提供。ドリップは500円で提供するすべてのシングルオリジンから、ラテは2種類の豆から選ぶことができる。このお得感で豆を購入するお客も少なくない。初来店客であれば、まずは手ごろなブレンド豆の購入を薦めつつ、「試飲でシングルオリジンはいかがですか」と新しい味にチャレンジしてもらったり、家でのドリップの方法をアドバイスする等、お客とつながる貴重な機会にもなっている。

IDEA 5

オリジナル商品中心の棚づくり

　以前は器具も豊富に陳列していたが、「ほかでは買えないもので棚を作った方がお客様に喜んでもらえるのでは」との考えから、器具は数を絞り、オリジナルの商品を中心に構成。また、開店当初シングルオリジンがなかなか売れなかったところ、手を伸ばしやすい段の手前に並べたところ商品が売れるようになった経験を基に、「手に取りやすく分かりやすい」棚づくりを心掛けている。ギフト販売にも力を入れており、ビルの出口付近に設置するデジタルサイネージでも訴求。

IDEA 6

農園名ではなく
数字を商品の共通言語に

　同店のパッケージで特徴的なのが3ケタの数字の表記。スペシャルティを提供する店の多くは、産地や農園名などを記すが、お客にとっては農園名まで覚えるのは難しいもの。そこで同店では入荷順に番号を付けて表示。記憶に残りやすく、「2年前の〇番がおいしかった」などお客との共通言語になっている。

IDEA 7

ブランドイメージを
強化

　コロナ禍にECサイトにも注力した。ホームページはプロに依頼し、画像やレイアウトを一心。企業理念を掲載するなどブランドイメージの強化を図り、海外向けのECサイトも別途立ち上げた。リニューアル後のECサイトの売上は前年比30％に伸長。また、2022年に粕谷さんがYouTubeでの動画配信をスタートすると、オンライン注文がさらに伸び、注文件数が4.1倍、売上は4.5倍で推移している。

愛知・瀬戸

little flower coffee

——

リトルフラワーコーヒー

所在地：愛知県瀬戸市朝日町3-6
TEL：050（3561）5587
営業時間：10時〜18時（金・土曜〜21時）
定休日：不定休
坪数・席数：30坪・18席
物販の客単価：1000円
URL：https://www.littleflowercoffee.com

スペシャルティコーヒー界で異色のブレンド専門店

スペシャルティコーヒーと言えば、シングルオリジンで豆の個性を楽しむのが従来のイメージ。そんな中、異色ともいえるスペシャルティコーヒーのブレンド専門店が注目を集めている。2022年4月、愛知県瀬戸市にオープンした『little flower coffee』だ。日本人になじみ深く、飲みやすいブレンドは、コーヒーに精通していない一般客にも受けがいい。カフェでは、ハンドドリップコーヒーを一杯ワンコインからと、日常づかいしやすい価格に設定。コーヒーに合うスイーツも充実させ、平日も客足が絶えない人気ぶりだ。

共同代表として店を運営するのは、若くして「Blue Bottle Coffee表参道店」のリーダーバリスタも務めた本田順也さん。バリスタとしてカウンターに立ち、プロバット社の最新型マシン「Probatone PIII」を使って焙煎も手掛ける。

定番ブレンドは4種類で、朝の一杯や、午後のコーヒータイムなど、日常のシーンをイメージした。本田さんはシェフやパティシエとしての経験も持ち、鋭敏な味覚を武器に味づくりを行っている。抽出時に味わいのブレが少ないよう、一つのブレンドに対し、豆は3種類までに限定。生豆の状態で混ぜ合わせて焙煎する、プレミックス製法が同店の基本だ。プレミックスは作業効率がよい反面、焼きムラが出やすい。そのため、例えば小粒のエチオピア ナチュラルと大粒のエルサルバドルを合わせる商品「take time」などの場合は、豆を時間差で投入し、焼き上がりを調整している。

不定期で発売する限定豆も、もちろんすべてがブレンド。2022年冬には、希少なゲイシャ豆同士を組み合わせたものや、話題のインフューズドコーヒーを使ったブレンドなどを発売した。なお、限定豆のようにピンポイントで味わいを表現したい場合は、焙煎後に豆を混ぜるアフターミックス製法も取り入れている。

①焼き物産地・瀬戸市の商店街に店を構える。最寄り駅は、名古屋の中心街へ電車一本でつながりアクセスも良好。
②シェアロースターとして時間貸しも行う「Probatone PIII」。熱伝導率の高さに加え、プロパンガスを使用しているため高火力で安定感があり、狙った味に着地させやすい。　③店舗内装、ロゴ、パッケージ等のデザインは、共同代表でバリスタの源平早彩さんがプロデュースしている。

自店の味づくりや手頃な価格など
ブレンドの強みを生かして差別化する

本田順也さん

パティシエやシェフを経て「Blue Bottle Coffee 表参道店」のリーダーバリスタに。その後はバリスタ常勤型社内カフェ導入サービス、ハンドドリップ日本茶専門店、コロンビアコーヒー専門店等の立上げに携わり、共同代表の源平早彩（げんぺいさあや）さんと2022年4月『little flower coffee』オープン。

店頭やイベントで豆を販売する際、多くの方に驚かれるのがスペシャルティのブレンドしか扱っていない点。思い切った商品構成の背景には、世間では依然としてブレンドのニーズが高いと感じたこと、また、豆の仕入れ先が限られる中、焙煎や抽出理論のみで差別化を図るのが難しくなってきたことが挙げられます。

豆の個性を楽しむシングルオリジンに対し、ブレンドは、豆の持ち味を生かしながらお客様に向けて味を作れる。加えて、単体では手が出ない高級銘柄も価格を抑えられます。当店において、日常の寄り添うような存在が定番ブレンド。一方、限定ブレンドには、特別感のあるゲイシャ種や話題性の高いインフューズドコーヒー豆などを使用しています。スペシャルティコーヒーの入り口的な存在をめざし、ブレンドだからこそできる商品開発に取り組んでいます。

COFEE BEANS LINEUP

2023年2月現在

☐ **little bouquet**
Guatemala/washed × Colombia/washed × Ethiopia/washed

☐ **sunny side**
Costa Rica/fully washed × Colombia/washed × Ethiopia/washed

☐ **take time**
El Salvador/washed × Ethiopia/natural

☐ **day dream〈DECAFE〉**
Mexico/decafe × Ethiopia/decafe

〈限定豆〉

☐ **crazy trendy**
Colombia Inmaculada Geisha × Colombia La Secreta Geisha

☐ **cross border**
Guatemala/washed × El Salvador/washed

COFFEE PROMOTION IDEAS

ラインナップ

メインブレンド「little bouquet」。

日常に寄り添う定番ブレンド

品揃えの中心となるのが、4種類の定番ブレンドだ。飲みやすく、香ばしさとすっきりした甘さのバランスがよい「little bouquet」をはじめ、ハーブのようなさわやかさとチェリーのような後味が広がる朝の「sunny side」、ケーキとともに楽しみたい、甘み・コク・香り豊かな「take time」、寝る前にも飲めるカフェインレスの「day dream」と、日常のシーンをイメージしている。

IDEA 2 ラインナップ

「TYPICA GUIDE2023」で2-Stars Roastersに輝いた「cross border」。

限定ブレンドで季節感や話題性を

不定期で発売する限定ブレンドでは、商品に季節感や話題性を盛り込み、購買欲をそそる。例えば、2022年冬の限定ブレンド「cross border」は、全国のおいしいロースターを選出する「TYPICA GUIDE2023」のプレゼンテーションで使用した特別なブレンド。いずれも小規模農園の豆をブレンドして出荷を行っている、グァテマラとエルサルバドルを組み合わせた。

IDEA 3 味の演出

見せる焙煎で興味を惹く

物販＆カフェの奥には焙煎スペースがあり、最新鋭のマシンが並ぶ様子は、さながら海外のファクトリーのよう。来店客から焙煎機が見えるよう、仕切りは設けずオープンな造りが特徴だ。お客から希望があれば、その場で焙煎の見学も可能で、そこから豆売りにつながるケースも多いという。

メニュー

ワンコインから
味を試せる場

　カフェでは、好みの銘柄が選べるハンドドリップコーヒーを480円から用意する。豆売りとメニューを連動させることで「いきなり豆を購入するのはハードルが高い」「試しに飲んでから購入を検討したい」というニーズに応えられる。ゲイシャ同士の限定ブレンド「crazy trendy」は、カップ売りで原価ギリギリの一杯1000円に設定した。

左／カフェのハンドドリップコーヒーは、瀬戸焼作家の個性的なカップで提供する。
上／割合が崩れないよう、それぞれのg数を正確に計量して抽出に臨む。

ギフト

おうちコーヒーを楽しく手軽に

　物販で「ちょっとした手土産や自宅用に」と買い求める人が多いのが、焼き菓子とドリップバッグだ。バームクーヘンをはじめとした焼き菓子は、コーヒーに合うよう専属パティシエが製造したもの。コーヒーのお供になる商品を充実させることで、豆売りの需要も高まる。手軽なドリップバッグは現在2種類で、今後さらに種類を増やす予定。

勧め方

バリスタが一人一人に提案

　豆売りコーナーには、パッケージや焙煎豆の見本のみ展示し、あえて詳しい説明を添えていない。バリスタがお客の好みなどをヒアリングし、一人一人に提案を行うためだ。シェフやパティシエなど食の経験豊富な本田さんは、カッピングなどで出てくる専門用語を控え、一般の人にも分かりやすい言葉で説明するよう心がけている。

東京・荻窪

WOODBERRY COFFEE 荻窪店

ウッドベリーコーヒー　おぎくぼてん

所在地：東京都杉並区桃井1-2-2
TEL：03(6454)7785
営業時間：8時30分〜19時
定休日：無休
物販の客単価：1,250円
URL：https://woodberrycoffee.com

都内に5店舗を展開するエシカルなコーヒーショップ

アメリカの大学で経済を学び、帰国後、21歳の若さで地元・用賀にハーフビルドで1号店を開いた木原武蔵さん。「誠実」「ホスピタリティ」「探究心」の3つを大切にした経営方針で、都内に次々と出店。2020年にオープンした荻窪店は、ロースタリーやカフェレストラン、トレーニングラボを併設した1棟建てのフラッグシップストアとなっている。

1階の約1／3の面積を占める焙煎スペースはガラス戸で囲まれ、お客から見える位置にローリング社のスマートロースター35kg釜が、その奥には常時16度をキープする生豆の低温倉庫がある。

豆のラインナップは、浅煎りから深煎りまでのスペシャルティコーヒー、約20種類。そのうち6種類にエルサルバドルの豆を使っている。現地を訪れた際、地域ごとのテロワールに感動し、また、出会った生産者たちを支援したいとダイレクトトレードをはじめたのがきっかけだ。ダイレクトトレードの一部資金はクラウドファンディングで募集。同店のファンをはじめ多くの人の関心を集め、目標金額の300万円を超えて達成。店頭での販売も好評で、リピート率が高い商品となっている。

同店が目指すのは、おいしくて身体によく、地球にやさしいコーヒー。いち早くエコストローを導入し、メニューにはオーガニック食材や自家栽培のハーブを取り入れている。また、コーヒー抽出後の粉は各店舗のトイレで消臭剤として使ったり、スタッフエプロンの染色に使ったりと再利用にも積極的だ。スマートロースター焙煎機を選んだのも、環境に配慮した省エネタイプということが決め手のひとつ。

SDGsに取り組むカフェだから、ここでコーヒーを飲もう、豆を買おう。そんな意識を持つお客も、徐々に増えてきている。

①荻窪駅から徒歩10分、大通り沿いに立地する3階建てのビル。1、2階は吹き抜けになっている。晴天時は屋上も客席として開放。　②自然光が気持ちいい2階の客席。オレンジの壁画は友人のアーティストによるペイント。　③2022年初夏、ディードリッヒ社の7kg焙煎機から、ローリング社のスマートロースター35kg焙煎機に切り替えた。ガス・電気の消費が減り、よりクリーンな味の実現が可能となった。

木原 武蔵さん
（きはら　むさし）

『WOODBERRY COFFEE』代表取締役。"シンク・グローバリー、アクト・ローカリー（世界規模で考え、身近なことから行動する）"。この言葉を胸に生まれ育った地でコーヒーショップをスタート。環境問題にも強い関心を持ち、公私で行動に移している。

卸先のサポートで
豆の売り上げを伸長

「コロナ禍以降 "おうちコーヒー" の需要が増え、豆売りは好調です。ECサイトでは割安感のある1kgも秘かに人気ですが、ミニマムサイズ（80ｇ）を2〜3種類購入する方が多いですね。コーヒー定期便もコースを増やしリニューアルしたところ、購入者が1.2〜1.3倍に増えました。一方、BtoBはコロナ禍で一時減少しました。それでも大幅減にならなかったのは、"カスタ

マーサクセス部門" の存在が大きいと考えています。"営業部" と似ていますが、役割は新規顧客の開拓ではなく、既存の卸売店をサポートすること。コーヒーについてはもちろん、オペレーションやフードメニューについてのコンサルティングも行うことで、繁盛店へと導きます。結果、多店舗展開する卸先も生まれ、取引店舗数は変わらなくても豆の販売量は増加しています。」

COFEE BEANS LINEUP

2023年2月現在

シングル

☐ **EL SALVADOR MILEYDI GEISHA**
エルサルバドル／ハニー／中浅煎り

☐ **EL SALVADOR MILEYDI PACAMARA**
エルサルバドル／セミウォッシュド／中浅煎り

☐ **EL SALVADOR TRES POZOS PACAMARA**
エルサルバドル／ナチュラル／中浅煎り

☐ **EL SALVADOR SANTA ELANA BOURBON**
エルサルバドル／アナエロビック／中浅煎り

☐ **ETHIOPIA GESHA NATURAL**
エルサルバドル／ナチュラルアナエロビック／中浅煎り

☐ **COLOMBIA EL PARAISO LYCHEE**
コロンビア／ダブルアナエロビックファーメンテーション／中浅煎り

☐ **COLOMBIA EL MIRADOR**
コロンビア／ウォッシュド／浅煎り

☐ **NICARAGUA LA PICONA**
ニカラグア／ハニー／中浅煎り

☐ **KENYA GATHAITHI**
ケニア／フリーウォッシュド／中浅煎り

☐ **EL SALVADOR SANTA ELENA BOURBON**
エルサルバドル／ウォッシュド／中深煎り

☐ **ETHIOPIA HAMBELA**
エチオピア／ナチュラル／中深煎り

☐ **GUATEMALA GOOD COFFEE FARMS**
グアテマラ／ドライウォッシュド／中煎り

☐ **ETHIOPIA TADE GG**
エチオピア／ハニー／中浅煎り

☐ **BURUNDI RIMIRO**
ブルンジ／ナチュラル／中浅煎り

☐ **GUATEMALA PEÑA ROJA**
グアテマラ／フリーウォッシュド／中深煎り

☐ **MEXICO CHIAPAS DECAF**
メキシコ／マウンテンウォータープロセス／中深煎り

ブレンド

☐ **DARK NOTE BLEND**
ブラジルとコロンビアのブレンド／深煎り

☐ **ESPRESSO BLEND**
エルサルバドル、エチオピア、ブラジルのブレンド／中深煎り

COFFEE PROMOTION IDEAS

ラインナップ

店で推す、エルサルバドルコーヒー

　同店のコーヒーのラインナップで多く占めるのが、エルサルバドルの豆。「まだ日本では知名度が低いながらも、国をあげて高品質なコーヒー栽培に注力していて、特にパカマラ品種のクオリティには目を見張るものがあります」と木原さん。このおいしさを広め、生産者も支援したいと2022年からダイレクトトレードを開始。初年度は5農園から11銘柄、合計 4.3トンを買い付けた。お客からは「農園ごとの違いが楽しめ、一層コーヒーに興味を持つようになった」などの声があがっている。

サブスク

リニューアルした定期便は会員数が増加中！

　コーヒー定期便は150ｇ×3種類のみだったが、「1ヵ月で飲みきれない」という声があり、2021年に80ｇのライトコースを新設した。ライトコースの場合、1回につき2268円〜（送料無料）。
　また、定期便特典としてコーヒーにまつわるコラムなどを掲載するオリジナル冊子「COFFEE JOURNAL」や、届けるコーヒー豆に合うスイーツレシピ、EC サイトで使えるクーポンコードなどもついてくる。

上がライトコース（80g×3種類）、下がレギュラーコース（150ｇ×3種類）。お届け間隔は7日〜30日まで選択できる。

コーヒープロフィール

おしゃれで分かりやすいプロフィールカード

　ドリンクに添える、コーヒープロフィールカード。落ち着いた色合いのテキスタイルが目を惹く。フレーバーや農園に関する情報が記載されている。コーヒーパッケージと共通で使用。「さっき飲んだコーヒーがおいしかったから」と、プロフィールカードを見て、帰り際に豆を購入するお客も多い。

IDEA 4 ディスプレイ

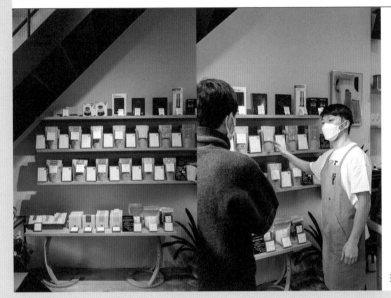

おすすめをセレクトし、買いたくなる商品棚に

ECサイトでは約20種類の豆を取り扱っているが、店頭では12種類前後を展示販売する。以前は多種類を並べていたものの、陳列棚が窮屈な印象になること、また、お客にとって選択肢が多すぎても選びづらいことから種類を絞った。1袋（150g入り）1058円～。

迷うお客にはスタッフが丁寧にサポートする。

IDEA 5 ディスプレイ

豆が主役の店づくり

ガラス保存瓶に入れた焙煎豆を、入口すぐの目立つ場所に陳列。「自家焙煎コーヒーを1杯ずつ淹れています」というお客へのメッセージになっている。曲線が美しいガラスのカウンターショーケースが、豆を引き立てる。

焙煎豆は店頭販売に限り、キャニスターや袋など入れ物を持参すれば50gからの量り売り（50g単位）にも対応している。

IDEA 6 カード類　その他

LINEアカウントを活用したアプローチ

コミュニケーションアプリ「LINE」で、店舗ごとに公式アカウントを作成。荻窪店のみで2000人近い「友だち」登録がある。コーヒーについての情報やお得なクーポンの配信、登録時にドリップバッグのプレゼント（写真左）といったインセンティブを用意。

また、LINE内でデジタルスタンプカードを発行（写真右）。コーヒー豆の購入で2ポイント、ドリンク1杯で1ポイントがつき、5ポイント貯まるごとに特典チケットを付与する。紙のカードと違って紛失することがなく、リピート強化につながっている。

兵庫・芦屋

RIO COFFEE 芦屋本店

―

リオコーヒー

所在地：兵庫県芦屋市茶屋之町4-12-104
TEL：0797(26)6667
営業時間：10時〜19時
定休日：火曜　坪数：17坪
物販の客単価：2100円
URL：https://ashiya-rio.jp

JR芦屋駅前の旧西国街道沿いにある芦屋本店。2022年に芦屋市のふるさと納税返礼事業者となった。『RIO COFFEE』神戸北野店、大阪中之島の『QOFFEE BY RIOCOFFEE』を含め3店舗展開。

コーヒーの川上（生産）から川下（消費）までをつなぐ架け橋に

「野菜や果物と同じようにコーヒーを扱う」ことをコンセプトに掲げる、焙煎所＆コーヒーショップ。

2005年にイタリアンバールとして創業した頃から、コーヒー豆の販売を広げることでコーヒーを広めていきたいという想いがあった八木俊匡さん。それに邁進すべく、2009年からロースターに。

何より「おいしいのが魅力」（八木さん）で、スペシャルティコーヒーを専門に取り扱う。「焙煎した豆がうまくできたのか否か、その判断ができないと商品はできない。そのため、スペシャルティの基準やカッピングスキルを学びました」。責任と愛情をもって栽培している、森林との共存を目指す取り組みを行っている、継続的な取引での関係性を構築できる、といった視点で農園・原料選びを行っている。

常時あるのは、シングルオリジン5種、ブレンド3種、カフェインレス1種の9種類。イタリア製熱風焙煎機で少量焙煎を行い、焙煎当日から5日以内の豆のみを販売する。

スペシャルティコーヒーを広めるために鍵となるのが、お客との接点をいかに増やすか。「コーヒーの需要は、豆よりも液体の需要が多く、液体でいうと勤務中の消費量が多い」ことから、2021年に大阪中之島にサステナブルコーヒースタンドを出店。そして2022年には、芦屋本店をイートイン併設型に、またコーヒーショップの側面を強化するため神戸北野店をそれぞれリニューアルした。

スペイン語で「川」を意味するRIO。イタリアンバールの頃はエスプレッソコーヒーカルチャーを、現在はスペシャルティコーヒーを柱に、農家が愛情を込めて育てるコーヒーの川上から、消費者の口元に運ばれる川下までをつなぐ架け橋となり、「おいしさ」でつながる関係性と消費者にとってより良いコーヒー体験を追求していく。

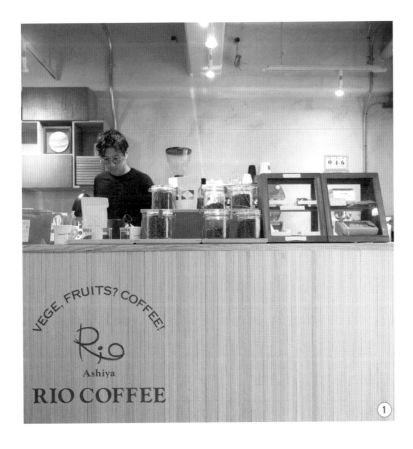

①リニューアルに際してレジカウンターの向きを変えることで、入店しやすい造りに。カウンターは作業性や心理的安全性を満たす高さを1cm単位で調整した。テーブルにスギ間伐材を使用するなど、店内は木の温もりを感じる空間。　②焙煎機はイタリアのペトロンチーニ社製10kg。通常は5kg単位で少量焙煎を行う。焙煎豆は専用冷蔵庫で保管している。　③珈琲体験研究家を名乗る八木俊匡さん。焙煎時に着用するコートの「黒」には、色柄ではないものの本質を見る、コーヒー体験のお手伝いをする黒衣、といった想いが表れている。

八木俊匡さん
（とし まさ）

㈱アルタレーナ代表取締役、珈琲体験研究家。スペシャルティコーヒーを通して消費者・生産者と環境にもフェアな「おいしさでつながるエコシステム」の実現を目指し、『RIO COFFEE』の運営をはじめ、気候変動問題の解決を図る「2050Project」などの活動に取り組む。調理専門学校の外来講師も務める。
2050Project　https://altalena.valueway.me

コーヒーを気分やシーンで選べるように
認知と普及のために全方向取り組む

お客様への嗜好についてのアンケートと、実際のコーヒー豆の購入履歴を見て気づいたのが、例えば酸味が少ないコーヒーを嗜好されるお客様が、実際には浅煎りタイプの豆をよく購入しているなど、両者にはズレがあるということ。そこで、初回からお客様にどうお伝えして、真にお客様がお望みのものを販売していくかということに注目しました。

その結果できたのが、焙煎度に気分やシーン、嗜好性やエネルギータイプを組み合わせて提案するABCD（Activity、Balance、Comfort、Deep think)の4つのカテゴリーです。

当店の販売するスペシャルティコーヒーが「普通になる」ことを目指しています。そのため、浅煎りのコーヒーであっても、味わいはエッジをきかすのではなく「ほっこり」を念頭に焙煎。芦屋で20年近く経営していても、最近知りましたという地元の方々もいらっしゃるので、お客様に意識を向けていただけるよう「全部やる」スタンスです。

2023年2月現在

COFFEE BEANS LINEUP
SINGLE ORIGIN シングルオリジン

☐ **RWANDA ソブ**
　ルワンダ／ウォッシュド／浅煎り

☐ **HONDURAS ティノコ**
　ホンジュラス／ウォッシュド／中煎り

☐ **KENYA ニエリヒル**
　ケニア／ウォッシュド／中深煎り

☐ **GUATEMALA ラス・ヌベス　ピーベリー**
　グアテマラ／ウォッシュド／深煎り

☐ **NICARAGUA ブエノスアイレス アナエロビック**
　ニカラグア／アナエロビックナチュラル／中煎り

☐ **PANAMA ナランハル ゲイシャ**
　パナマ／ウォッシュド／中煎り

☐ **DECAF ETHIOPIA SIDAMO**
　エチオピア／ウォッシュド／中深煎り

BLEND ブレンド

☐ **ASHIYA PREMIUM BLEND**
　ホンジュラス・エチオピア／中深煎り

☐ **RIO BLEND**
　ブラジル・グアテマラ／中煎り

☐ **RIO NERO BLEND**
　ブラジル・グアテマラ／深煎り

IDEA 1　ラインナップ

4 Type	Active ↑	Balance =	Comfort ○	Deep think ↓
Roast 焙煎	Light 浅煎り	Medium 中煎り	MediumDark 中深煎り	Dark 深煎り
Character 特徴	Blight 明るい	Mild マイルド	Round 丸みのある	Rich & Moist 芳醇
Scene (work) 仕事	for Idea ブレスト	Anytime いつでも	Break time ブレイク	Concentrate 集中
Scene (life) 日常	Refresh リフレッシュ	Anytime いつでも	Comfort くつろぎ	with Sweets スイーツ
Taste 味わい	like Fruits フルーティ		Bitter sweet 甘苦い	

4つのカテゴリーで、選びやすく

　4つのカテゴリーABCDのうち、需要が多いのがAとD。Aは浅煎りのフルーティな味わいで、アクティブになりたい時におすすめ、Dは深煎りのコクのある味わいで、集中したい時におすすめのコーヒー。さらにCup of Excellence入賞豆など、最高品質のコーヒー（Special Lot）を「S」として中煎りで用意する。豆は100gから量り売りしており、シングルオリジン100g990円〜、ブレンド100g770円〜、カフェインレス100g990円〜。各店舗で作成している顧客リストに登録されたお客が、店頭で1ヵ月以内に再度コーヒー豆を購入した場合は10％オフ、豆袋を持参すると最大20％オフになるサービスを行っている。

IDEA 2　カード類

便利でお得！プリペイドカードと月額コーヒーサービス

　オンラインショップでは、《繋がる》プリペイドカードという商品を販売。購入者には購入金額相当のコードが発行される。例えば購入金額3000円であれば3300円、5000円であれば5500円分の買い物ができ、オンラインショッピングでも、店頭のドリンクでも何にでも使える。他に10000円、30000円のプリペイドカードもある。

　写真は、月額コーヒーサービス用のカード。月額4000円〜あり、コーヒーSサイズが1日1杯無料になり、店内商品も割引になるお得なサービス。他にも、カフェラテ入りのコースや、1日何杯でも飲み放題のコースも用意する。

高まるドリンク需要
専用カウンター設置で
注文が大幅増

　コロナ前からドリンク（コーヒー）の需要は年々伸びていた。そこで、店のリニューアルに伴いテイクアウト専用のカウンターを設置したところ、テイクアウトコーヒーの利用は倍以上に伸びた。マイボトルを持参すればテイクアウト全品100円引き、また豆袋を持参すれば10％オフに。店頭では豆袋持参数を表示し、マイボトル利用数とあわせて毎月SNSで報告している。写真右下は、お客が注文を待つ間にと用意する試飲コーヒー。「接客時には、ネガティブなものとして語られることの多い〈酸味〉などの言葉を用いずに応対しています」とスタッフ。

需要の多い手土産
ブランドブックを添えて

　手土産の需要が多いことから手提げタイプの入れ物をはじめ、廃材を利用したオリジナルの木箱も用意する。今後は、店のブランドがより伝わるギフトボックスを製作予定。写真左下は、スタッフの企画で製作した『RIO COFFEE』のブランドブック。コーヒー（カテゴリーABCD）の選び方や淹れ方のコツなど、カジュアルなイラストを用いてコーヒーライフのための内容を詰め込んでいる。パラパラめくりたくなるポケットサイズの冊子だ。オンラインショップの配送分に入れたり、店頭でも配布。

ハンドメイドのドリップバッグからコーヒー器具まで一堂に

　商品棚は、商品を置いた時に間延びしないよう適度な奥行きに。店のリニューアルにあわせて製作した。中央にはドリップバッグが並ぶ。ドリップバッグは、不織布メーカーから直接仕入れるフィルターに焙煎したての豆を挽き入れ、ドリップバック1つ1つに脱酸素剤を入れるなど、品質と鮮度にこだわりすべて店内で製造している。その時々のシングルオリジンからブレンド、スペシャルロットまで1つ200円〜300円。

©RIO COFFEE

コーヒーもスイーツも、安心・安全品質

　10席ある店内では、自家製ケーキのコーヒーセット（1150円〜）の利用が多い。焼き菓子には米粉、減農・無農薬の野菜や果物を使用。コーヒーもスイーツも、香料不使用、保存料不使用、遺伝子組替作物不使用を徹底する。写真上は、「スペシャルティコーヒーを食べる」をテーマに専属のパティシエらと開発したチョコレートケーキ「QoFFEA」。ピスタチオやラズベリーを贅沢に使用したカラフルなクリームの層は、コーヒーノキの緑やコーヒーチェリーの赤、コーヒー豆の茶色を表現するなど、こだわりが詰まる。オンラインショップでも販売（5500円）。

©RIO COFFEE

関心を広げ、評価を得られるツール

　イートインで提供する際のトレイやコーヒー豆の袋に付けるプロフィールカードには、そのコーヒーのカテゴリー（ABCDS）と生産国、農園名、味わいの特徴、そしてQRコードを記す。QRコードにアクセスすると、そのコーヒー農園の位置を示した地図と、日本でそれが消費されるまでの間のCO_2排出量と削減量（概算値）も表示される上、お客は飲んだ味を評価したり、感想をコメントできる。ここで得られた評価は、珈琲体験研究家として大学などと連携しながら行っている八木さんの、コーヒーの味覚に関する研究にもいかされる。

神奈川・横浜

BlueDOOR Coffee
—
ブルードアコーヒー 寺家町店

所在地：神奈川県横浜市青葉区寺家町 360
TEL：045(961)2410　営業時間：9時〜17時(土日祝〜18時)
定休日：無休　坪数：10坪　物販の客単価：900円〜1200円
URL：https://bluedoorcoffee360.com

入り口上部に店名があるだけで、あえて看板は掲げない。

アナログ焙煎機で作り出す豆は20種類以上

横浜市青葉区の田園風景が広がる「寺家ふるさと村」エリアにある自家焙煎豆専門店。オーナーの染谷裕太さんは父親の健一さんから工房と直火式焙煎機を引き継ぎ、2014年7月に開業した。最寄り駅から遠く、バス便も少ない立地にもかかわらず、口コミによる集客が功奏し、子供から高齢者まで幅広い年代のお客が訪れる。ブレンドをはじめ常時20種類以上の焙煎豆を販売し、店頭に並ぶすべての豆はテイクアウトコーヒーとして主にハンドドリップで提供する。

材木店の工場を改装した焙煎工房に配するのは、富士珈機直火式5kg釜で通称「ブタ釜」。父親が1997年頃から愛用していた焙煎機で、25年以上使い続ける機械を操るため、五感を駆使し豆と向き合う。

染谷さんが目指す味づくりは、冷めてもおいしいコーヒー。深みのある味わいと長く続く甘みにより、冷めてもおいしく飲める焙煎を心がける。スペシャルティコーヒーを主に取り扱い、ブラジル、コロンビア、エチオピアのスペシャルティをメインに仕入れており、焙煎豆は中煎りから深煎りの幅でブレンド7種類（うちシーズナル2種類）、シングルオリジン16種類（うちデカフェ1種類）で構成。同店ではお客の6〜7割が深煎りコーヒーを求める傾向にあり、オリジナルブレンドの主軸となる「大地」、「天空」はいずれも深煎りでほどよい苦味があり、「緑風」は中深煎りでまろやかな甘い香りが特徴だ。

また、同じ豆でも焙煎度合いを変えて提供することで豆の奥行を感じてもらいたいとの考えから、同一農園のシングルオリジン豆を3パターンの焙煎度合いで販売しており、味の違いが楽しめる工夫が光る。

①染谷さんが愛用するのは、通称「ブタ釜」とよばれるアナログの焙煎機。　②焙煎時は火力を強弱するだけではなく、ガスバーナーの色合いなどを確認しながら空気の送風も調整し、香りや音など、五感をフル活動させる。　③扱う豆は、店では主にハンドドリップで提供する。店頭の全種類から選べるコーヒーは1杯570円〜。

飽きの来ない品揃えで
楽しみ方を提案しています

豆の購入目的で来店するお客様のほか、「寺家ふるさと村」散策中に訪問するお客様も多いです。めざしているのは、日常的に使ってもらえる街のコーヒー屋さん。季節に合わせたブレンドづくりや話題性のあるアナエロビック（嫌気性発酵）の豆など、20種類以上の焙煎豆を販売し、いろいろ試して楽しんでいただけるよう、飽きの来ない品揃えを心がけています。

カウンターのみの店内は奥に焙煎工房を配し、店頭にテラス席を設けました。あえて看板を揚げなくてもテイクアウトコーヒーを片手にお客様がくつろぐ姿が興味をそそり、集客効果を生んでいます。初訪問のお客様には好みを聞いてすすめるなど、コミュニケーションを大切にしています。

染谷裕太さん

『BlueDOOR Coffee』オーナー。1985年、横浜市生まれ。大学卒業後、大手コーヒーチェーンに就職し、その後、ミシュラン2つ星のフレンチレストランでキッチンスタッフとして勤務。2014年に父親から自家焙煎コーヒー店を引き継ぎ、同店を開業。

COFEE BEANS LINEUP

2023年2月現在

シングルオリジン

□バッセイオ農園／ブラジル産
　フルシティロースト

□ラ・ソレダー農園／グアテマラ産
　フルシティロースト

□サン・アグスティン村／コロンビア産
　フルシティロースト

□トバ湖／インドネシア産（マンデリン）
　フルシティロースト

□イルガチェフェナチュラル コンガ農協／エチオピア産
　ナチュラル／フルシティロースト

□アナエロビック ナチュラル トラゴン・ベンチ・マジ・ウォッシングステーション／エチオピア産
　ナチュラル／ハイロースト

□バッセイオ農園／ブラジル産
　ハイロースト

□イルガチェフェナチュラル コンガ農協／エチオピア産
　ナチュラル／ハイロースト

□ラ・ソレダー農園／グアテマラ産
　ハイロースト

□サン・アグスティン村／コロンビア産
　ハイロースト

□バッセイオ農園／ブラジル産
　シティロースト

□サン・アグスティン村／コロンビア産
　シティロースト

□イルガチェフェナチュラル コンガ農協／エチオピア産
　ナチュラル／シティロースト

□ンギラ農園 AA／タンザニア産
　シティロースト

□アナエロビック ナチュラル トラゴン・ベンチ・マジ・ウォッシングステーション／エチオピア産
　ナチュラル／シティロースト

□エル・トリウンフォ環境保全団体（オーガニック）／メキシコ産
　デカフェ

ブレンド

□里山
　エチオピア・コロンビア・ブラジル／ハイロースト

□田園
　コロンビア・ブラジル・グアテマラ／ハイロースト

□WINTER
　インドネシア・エチオピア・コロンビア／シティロースト

□緑風
　エチオピア・コロンビア・ブラジル／シティロースト

□天空
　コロンビア・ブラジル・インドネシア・グアテマラ／フルシティロースト

□大地
　インドネシア・ブラジル・コロンビア・グアテマラ／フルシティロースト

□バレンタインブレンド
　エチオピア・グアテマラ・タンザニア／フルシティロースト

COFFEE PROMOTION IDEAS

ラインナップ

ブレンドとシングルオリジン で20種類以上

定番ブレンド5種類とシーズナルブレンド2種類をはじめ、シングルオリジンはブラジル、コロンビア、エチオピアのスペシャルティコーヒーをメインに仕入れる。なかでもシーズナルブレンドは季節のイベントに合わせる商品を販売。例えば、2月はバレンタインデーにちなみ、チョコレートと好相性で柔らかい甘みも感じられるブレンドを提案する。

IDEA 2

ディスプレイ

見るからにおいしそうなコーヒー

焙煎後は丁寧にハンドピックし、きれいな状態の豆をガラス瓶に入れる。豆を見て、おいしそうと感じてもらうことがポイント。オーダーが入るとこの瓶から豆を取り出す。

IDEA 3

パッケージ

オーナーが描くイラストが話題に

ドリップバッグは定番のブレンド3種類とデカフェ1種類のほか、冬のバレンタインデーなど、シーズナルブレンドも加える。年末年始の挨拶など、ちょっとした贈り物に購入するお客が多い。パッケージは店のロゴデザインのほか、染谷さんが描くコーヒーにまつわるイラストも話題に。1個240円〜260円、デカフェ260円。

IDEA 4

自分の好きな豆をすすめたい

自分のお気に入りの豆をプレゼントするスタイルのギフトで、焙煎豆のおいしさと店の評判を広げている。焙煎豆は店頭に揃う20種類以上の中から選べ、写真は100ｇ入り焙煎豆2袋の詰め合わせ（箱代420円＋豆代）。ドリップパック16個入り（5種類）の詰め合わせ（4330円）も好評。

IDEA 5

メニュー

リピーターを
飽きさせない
豊富なバリエーション

ドリンクメニューは、店内の壁の黒板で表示。定番ドリンクに加え、子供用ドリンク、季節限定ドリンクと多彩に用意する。店内に客席は無く、店頭のテラス席で周りの風景を楽しみながらドリンクで一息つくお客が多く、リピーターでも飽きさせない品揃えで、豆のファンにつなげている。

IDEA 6

コラボレーション

テイクアウトコーヒーのお供に

地元の焼き菓子店「tefu-tefu」の焼菓子は1週間ごとにまとめて仕入れ、クッキー4種類、パウンドケーキなど5種類を販売。写真の塩キャラメル、プレーン、チョコチップクッキーとクランベリーパウンドなど、小ぶりなサイズでテイクアウトコーヒー注文時に一緒に会計するケースが多い。1袋130円〜220円。

岐阜・岐阜

山田珈琲

——

ヤマダコーヒー

所在地：岐阜県岐阜市福光東1-25-3
TEL：058(231)2527
営業時間：10時〜17時30分
定休日：火・水曜
坪数：45坪
URL：https://www.yamadacoffee.com

豆のグレードでカテゴリー分け。くつろぎ空間やサービスも充実

1996年に開業した『山田珈琲』は、日本人初のワールド・バリスタ・チャンピオンシップ（WBC）国際審査員、山田英二さんが営む、スペシャルティコーヒーショップだ。豆売り専門店でありながら、店内は間接照明とヴィンテージ家具に囲まれ、まるで邸宅のリビングを訪れたような雰囲気。コーヒー一杯の"安らぎ"を大切に、あえて専門性を打ち出さない店づくりで、地域のリピーターを掴んできた。

同店はジャパン ロースターズ ネットワーク（JRN）の一員として、長年、世界の農園から生豆をダイレクトトレードしている。山田さんは豆の生産情報に加え、カッピングによる評価をもとに、焙煎度を細かく設定。焙煎においては、セオリーに当てはまらないイレギュラーな地域の豆や、季節による温度上昇の違いなどを含めて30年近くデータを蓄積してきた。日々、カッピングと焙煎を繰り返すことで精度を上げ、質の高い商品づくりを行っている。

定番豆のラインナップは10種類ほど。カッピングの点数をベースに、3カテゴリーに分類して販売する。スペシャルティコーヒーの中でも突出した品質のものを「トップ」、続くグレードのものを「シングルオリジン」、次に「ブレンド」という位置づけだ。シングルオリジン3種を200ｇずつセットにしたお得な「テイスティングセット」や、年4回、季節のシーズナルコーヒーも登場する。

商品の魅力に加え、来店動機を高めるのに一役買っているのが、コーヒーの試飲サービス。来店客は、売り場に設置されたマシンを自由に使い、常時3種類の豆を試すことができる。試飲と言っても1杯180㎖と十分な量で、3種類すべて飲み比べもOK。店内のソファでゆったりとコーヒーを楽しんでいく常連客の姿も多い。

①空間づくりのテーマは「リビングの延長」。カウンターはヴィンテージ家具を埋め込んで造作した。　②試飲サービスを試しながら、自由にくつろげるソファやベンチを設置。　③焙煎機は1969年製のプロバット22kgタイプ。二重構造の鉄板によりしっかりと予熱でき、焙煎がコントロールしやすい。　④世界の農園からダイレクトトレードで仕入れる生豆。

山田英二さん

1996年『山田珈琲』を開業。長年カッピング技術を磨き、コーヒーの品質を追求し続けてきた。2004年には日本人初のWBC国際審査員となる。産地とロースターをダイレクトトレードで結ぶJRN立ち上げメンバーの一人。

生活サイクルに入り込む商品構成で
コーヒーを通じ、お客様の生活を支える

コーヒー豆のお客様は、カフェと違い、明確な目的を持って来店されます。私がめざすのは、100回来店してくださるお客様を増やし、コーヒーを通じて生活を支えること。定番からスポットまでバランスよく取り揃え、「生活サイクルに入り込む商品づくり」を意識しています。

店内は焙煎室や作業場とは完全に切り離してあり、友人宅を訪れたような空間をイメージしました。一時は店内でカップ売りをする計画もありましたが、無料の試飲サービスに徹したことで、お客様の満足度が向上。結果として豆売りが伸びました。また、入り口までのアプローチにスロープを設けたり、会計待ちの列を減らすためにレジ台数を増やしたりと、利用しやすい環境づくりにも取り組んでいます。

COFEE BEANS LINEUP

2023年2月現在

トップセレクション

□ アグロタケシ ボリビア産
中深煎り

シングルオリジン

□ エル・ベンダバル コスタリカ産
中煎り

□ ウンレガロ / ブルボン・ナチュラル ニカラグア産
中深煎り

□ ラ・ベイヤ グアテマラ産
中深煎り

シーズナルコーヒー

□ オペラ（冬季限定）
深煎り

オリジナルブレンド

□ 山田珈琲
深煎り

□ ビターロースト
深煎り

□ スターダスト
深煎り

□ ソレイユ
中煎り

カフェインレス

□ ディカフェ エチオピア産
中深煎り

COFFEE PROMOTION IDEAS

IDEA 1 〔ラインナップ〕

①豆売りのメニュー表。カテゴリー別で、予算や目的に合わせて選びやすい。ECサイトでもTOPページに一覧表を掲載。　②過去のシーズナルコーヒーより、秋限定の「ノクターン」。

トップグレードから定番、季節商品まで

　世界トップクラスの豆を厳選する「トップセレクション」、個性豊かな「シングルオリジン」、深煎りを中心とした「オリジナルブレンド」まで、品揃えは約10種類。これに加え、春はプランタン、夏はサマートーンなど、年4回のシーズナルコーヒーを発売する。毎年同じ味わい・ネーミングで打ち続けることで、スター商品に育てていく狙いだ。豆はブレンドではなくシングルで、店の商品として覚えてもらうため、銘柄は公開していない。

IDEA 2 〔パッケージ〕〔ディスプレイ〕

容量別に袋詰め、ライトアップで存在感

　豆のパッケージは、クラフト袋にロゴや銘柄のスタンプを押した、ごくシンプルなもの。同店では専用の商品ケースに入れてライトアップすることで、存在感を際立たせている。豆はあらかじめ100g・200g・500gと容量別に袋詰めして並べ、ケース背面の扉から随時補充を行う。繁忙時には会計待ちの列ができるため、少しでもスムーズに提供するための工夫だ。

IDEA 3 〔ラインナップ〕

お得なセットでまとめ買い促進

　シングルオリジンは、単品販売のほか、豆200g×3種の「テイスティングセット」（3715円）を用意する。セット価格でお得感を生むことで、まとめ買いするリピーターも多いという。店としては客単価の向上が見込めるほか、豆の入れ替わりが早くなるほど、豆の新鮮さとラインナップの目新しさを保てるメリットも。Win-Winの関係を実現している。

IDEA 4

小物演出や実物展示で目を惹く

商品のディスプレイは、インテリアにマッチしつつも、さりげなく目を惹く仕掛けを散りばめた。例えば、トップセレクションの豆の紹介カードは、フレームに入れて特別感を演出。コーヒーバッグは、パッケージのままでは従来のドリップタイプとの違いが分かりづらいため、中身を取り出した状態で展示。抽出シーンの写真を添え、湯に浸すだけでおいしく飲める手軽さを伝える。

左／販売する抽出器具は、暮らしの中の利用シーンが想像しやすいよう、箱から出してカウンターに並べる。
中／コーヒーバッグの特徴を、写真を添えて分かりやすく紹介。
右／トップセレクションのディスプレイ例。POPには「試飲できます」の案内も。

IDEA 5

顧客とのコミュニケーションツール

開業以来、同店では一貫して顧客リストの作成を続けており、年4回のシーズナルコーヒーの発売に合わせて、DMを送付している。受け取った人がインテリアとして飾りたくなるビジュアルを大切に、商品は裏面にさりげなく告知する程度。それでも、不特定多数に発信するSNSなどに比べ、はるかに高い集客効果が得られている。

IDEA 6

コーヒーバッグが好調。BOXや冊子で魅力高める

各種コーヒーギフトの中でも、専門の道具が不要で、相手を選ばず贈れるのがコーヒーバッグ。ニーズの高まりを受けて、同店では専用のギフトボックスを開発した。オリジナルブレンドをはじめ複数の銘柄を詰め合わせにし、コーヒーへの想いや店の歴史を綴った小冊子、抽出レシピを同封する。

左／コーヒー産地をカラフルなイラストMAPで描いた、オリジナルパッケージ。
右／エッセイのように読み応えたっぷりの小冊子は、ブランディングツールの一つ。

SHERPA COFFEE ROASTERS

—

シェルパ コーヒーロースターズ

所在地：岐阜県岐阜市早田1901-6
TEL：058（295）0136
営業時間：10時〜18時
定休日：月・火曜
席数：22席
物販の客単価：2000円
URL：https://sherpacoffeeroasters.shop/

CUPPING MATRIX

豆選びからコーヒー教室まで、頼れる「町のプロショップ」

スペシャルティコーヒーの多様性に魅せられた中垣文寿さんが、夫婦で営む『SHERPA COFFEE ROASTERS』。2006年にカフェ業態メインでスタートし、豆売りをはじめとした物販のブランディング、ワークショップの充実と、年々アップデートを重ねてきた。

「町のコーヒープロショップ」をコンセプトに掲げ、コーヒー豆は、シングルオリジンだけでも25〜30種類。自分好みの味わいを見つけてもらうため、提案の際に欠かせないのが、「カッピングマトリックス」だ。焙煎度と豆のキャラクターを表したマトリックス型のチャート図で、ステンレス製の巨大ボードに豆のカードを貼り、味わいの分布を可視化する。チャートの縦軸はロースト度合いを示し、上に行くほど深煎りになる。横軸は味わいや香りといった豆のキャラクターを示し、左端はみずみずしいフローラルやシトラス、右に行くほど熟していき、キャラメル、チョコレートとコクが増すイメージだ。

豆売りの導入と位置付けるカフェでは、すべての銘柄をハンドドリップで提供する。2名客が別々の銘柄を注文した際などには、抽出液の入ったサーバーに2種類のカップを添え、飲み比べを提案している。

2022年には店舗を拡張し、ワークショップスペースを新設した。コロナ禍で、自宅でもおいしいコーヒーが飲みたいというニーズが高まり、コーヒー教室の要望が増えたのがきっかけだ。木のぬくもりを大切にしたカフェとは対照的に、ワークショップスペースは白を基調とした「町工場や倉庫のようなイメージ（中垣さん）」。周囲には焙煎機や生豆の麻袋を並べ、コーヒーが完成するまでのプロセスを感じ取ることができる。今後は産地にも出向き、農園や作り手の情熱をもっと身近に伝えられるような取り組みを増やしていく。

①店が建つのは、球技場や国際会議場など公共施設が集まるエリア。週末のイベント開催時には、テイクアウトコーヒーもよく出る。　②開業時から使用するフジローヤルの直火式焙煎機。豆の香りを大切に焙煎を行う。　③奥のカフェスペースは開業当初のまま。手前の豆売りコーナーはリニューアルで現在の形になった。　④カフェの抽出では、ハリオV60のセラミックドリッパーを用いる。蓄熱性が高く、スッキリしつつも味の芯がしっかりと出せるという。

コーヒーの交通整理係をめざし、多様な豆から"ぴったり"を見つけ出す

中垣文寿さん

旅先で飲んだ一杯をきっかけに、コーヒーの道へ。ケーキを担当する妻・知香さんとともに、2006年にコーヒー専門カフェ『SHERPA COFFEE』を開業。2017年にリブランディングを行い、『SHARPA COFFEE ROASTERS』に改名。SCAJ公認コーヒーマイスター。

コーヒー豆は日常のものですし、おいしく飲んでいただくには鮮度も必要になる。そう考えると、自店の商圏にいるお客様にどれだけご利用いただけるかがポイントになります。店頭では必ずお客様に接客し、お好みやニーズをヒアリングしています。反対に、接客を通じて「あの方にはこんな豆が喜ばれそうだな」と感じた情報を、焙煎や品揃えに反映することも。どんな方にもぴったりの豆を提案するのがモットーです。

開業から10年経った2017年、デザインのプロにブランディングを依頼し、やりたいことを目に見える形にしました。その代表例が、カッピングマトリックスです。コーヒーの多様性は魅力であると同時に、複雑で分かりづらい。私の役目は、それを一般の方に整理してご案内する、いわば交通整理係のようなイメージです。

COFEE BEANS LINEUP

2023年2月現在

シングルオリジン

南米

□ ブラジル マカウ バ デ シーマ農園
　中煎り

□ ペルー フェスパ農園 ウィルダー ガルシア
　中煎り

中米

□ グァテマラ サンタ カタリーナ モンターニャ
　中煎り

□ エルサルバドル シベリア農園 パカマラ ナチュラル
　浅煎り

□ コスタリカ サンタテレサ 2000 SL28
　浅煎り

□ コスタリカ サンタテレサ 2000 ティピカ
　浅煎り

□ コスタリカ オルティス2000
　中煎り

□ DECAF グァテマラ サンタ カタリーナ農園
　中煎り

□ ホンジュラス エル カンポ
　浅煎り

□ エルサルバドル シベリア農園 パカマラ アナエロビック
　浅煎り

□ コスタリカ サンタテレサ 2000 パカマラ
　浅煎り

□ グァテマラ サンタ カタリーナ農園HAB
　中煎り

アフリカ／中東

□ イエメン ガルビ ハラーズ イエメニア種
　浅煎り

□ ルワンダ マチアゾ
　浅煎り

□ エチオピア イルガチェフェ ウォルカ ハロハディ
　浅煎り

□ ブラックバーン農園 キリマンジャロ
　深煎り

アジア／オセアニア

□ インドネシア マンデリン オナンガンジャン
　深煎り

ブレンド

□ BLEND 01
　浅煎り

□ BLEND 02
　中煎り

□ BLEND 03
　中煎り

□ BLEND 04
　中煎り

□ BLEND 05
　中深煎り

□ BLEND 06
　深煎り

□ BLEND 07
　極深煎り

COFFEE PROMOTION IDEAS

IDEA **1**

勧め方 ラインナップ ディスプレイ

シングルはチャート、
ブレンドは焙煎度で提案

　豆売りの接客においては、香りやキャラクターを楽しみたい人＝シングルオリジン、コクやバランスを重視する人＝ブレンドの2パターンに振り分けてから、より細かな好みを探っていく。シングルオリジンの場合はカッピングマトリックスを活用し、はっきりした苦みを好むならシティよりも上、フルーティなタイプが好きなら左側、といった具合だ。ブレンドは01から07まで7種類を用意し、数字が進むほどに焙煎度が深まる。

①シングルオリジンの味わいをチャートで示した、カッピングマトリックス。　②ブレンド豆が並ぶ物販コーナー。すべて数字でネーミングしている。 ③ライトローストからイタリアンローストまで、幅広い焙煎度を揃える。　④カウンターの内側には、アルファベット順に焙煎豆のケースが並ぶ。

IDEA **2**

パッケージ

左／「身近な町のコーヒー屋」に感じてもらえるよう、銘柄は都度手書きする。
上／豆袋の裏面ラベル。二次元コードを読み取ると、産地の地図が確認できる。

チャートを印刷したオリジナル袋

　コーヒー豆の袋は、カッピングマトリックスをデザインしたオリジナルのもの。白色プリントはシングルオリジン、黒色プリントはブレンドで使い分けている。容量は200g売りを基本としていたが、途中から100gの専用パッケージも用意したことで、カフェ利用後に気に入った豆を購入する「ちょっと買い」や、2種類の銘柄を複数購入するケースも増えた。ブレンドはプレパッケージ、シングルオリジンは注文を受けてから袋詰めする。

IDEA 3 コーヒープロフィール

チャートの展示に使うほか、カフェでの提供時にも添える。

大陸別にカードを色分け

赤はアジア / オセアニア、緑は南米、青はアフリカ、黄色は中米と、大陸別に色を変えた豆のカードを制作。大陸でくくることで、南米はチョコレートやナッツ系、アフリカは熟した香りのものが多いなど、大まかな傾向が掴みやすくなる。カードには、地域や農園名、標高、品種、精製プロセス、カッピングノート等の情報を記している。

IDEA 4 その他

ファイル式で全銘柄を網羅

カフェではすべての豆の銘柄を網羅したメニューファイルを用意。シングルオリジンのラインナップは随時入れ替わるため、差し替えが可能なリングファイル式だ。豆の説明には、店頭と同じくカッピングマトリックスを活用しており、ケーキに合う銘柄を勧める際の指標にもなる。合わせて、個性の異なるインドネシアとエチオピア、同じ産地のウォッシュドとナチュラルなど、飲み比べの楽しみ方を紹介するページも。

IDEA 5 メニュー

カップに注ぎ分けて飲み比べ体験

カフェで提供するハンドドリップコーヒーは、一杯200mlとたっぷりの量。価格はブレンド一律580円、シングルオリジンは600円台が中心だ。写真は、異なる銘柄を注文した2名客への提供例。抽出液の入ったサーバーから、お客自身が2つのカップに注ぎ分け、飲み比べを体験できる。銘柄が混じってしまわないよう、カップは異なる形状のものを出している。

IDEA 6 オリジナル商品 ギフト

アイスコーヒーボトル各720ml 1680円。4倍濃縮の「カフェ・オ・レベース」もあり。

シングルオリジンをアイスコーヒーボトルに

日常遣いはもちろん、ギフトにも人気の高い、瓶入りのアイスコーヒー。ブラジル、コスタリカ、エチオピアの3種類があり、それぞれ日本名水百選の噴出湧水を使用し、ネルドリップ抽出したもの。ペットボトル素材に比べ、瓶は豆本来の香りが残りやすく、おいしさも長持ちする。瓶には厚みのあるスリーブ紙を巻き、箔押し加工を施して特別感を出した。

web活用 サブスク

左／ゆうパケットで発送するトライアルセット「ベストセラー」100g×3種入／1780円〜。定期便のお試し的な位置づけ。
右／ECサイトの商品ページ。定期便の銘柄は「酸味が苦手」等のリクエストにもできる限り応える。

自社サイトに切り替え、売り上げ増!

　EC販売は、一時期ウェブ上のショッピングモールに出店していたが、2017年の店舗リニューアルを機に自社サイトに切り替えた。ネットショップのプラットフォーム「STORES」を利用し、デザインはプロに依頼。店の世界観や売り方を形にしたことで、売り上げは以前の3倍以上に伸長。同時期に豆の定期便を開始し、安定した売り上げが見込めるようになった。

IDEA **8**

セミナー

左／実演やプロジェクターを交えてレクチャーする。　右上／普段はカフェスペースとしても活用。　右下／教室以外でも、ドリップケトルの注ぎ心地などを試せる。

おうちコーヒーをサポート

　家庭でのコーヒーライフをサポートすべく新設した、ワークショップスペース。コーヒー教室を不定期で開催するほか、グループでの開催リクエストにも応える。最大6名まで参加可能で、シンクやコンロも備える。抽出のテクニックをはじめ、コーヒー器具の使い比べ、産地による味わいの違いなどをテーマに、今後さらに回数を増やす予定。

大阪・天満

Sanwa Coffee Works

サンワコーヒーワークス

所在地：大阪府大阪市北区池田町17-7
TEL：06（6353）9603
営業時間：9時〜18時（L.O.17時30分）
定休日：無休
坪数・席数：46坪・48席（1・2階）
物販の客単価：2000〜2200円
URL：https://store.sanwacoffeeworks.com

ブランド力を高めて物販の売り上げUPにつなげる

天満市場があり、さまざまな飲食店が密集する大阪・天満エリアに店を構える『Sanwa Coffee Works』。店主の西川隆士さんが祖父の代から続いた「三和喫茶」の店名を譲り受け、ロースターとして2011年に開業した。2019年には店舗を建て替えて1階は物販とカフェ、2階を焙煎所とカフェに。

2022年夏に、ブランド力向上を図りプロのデザイナーに入ってもらい内装を一新した。コーヒー豆のパッケージは従来通りだが、ディスプレイや照明による見せ方で商品価値を高める目的だ。それと同時に改革ともいえるさまざまな変更を行った。メニューは、お得感を打ち出したものを廃止し、1000円台の華やかなトッピングのオープンサンドを用意するなど価格帯をがらりと変えた。その結果、客単価が800円から1300円ほどになる思い切った決断だ。ほかにも、リモートのゲスト向けに用意していたコンセントをあえて廃止し、夜の営業を取りやめ夕方までの営業に変更。その結果、4ヶ月ほどは離れていく客層を感じながら苦しい期間を過ごしたが、次第に本当にお店のことを好きで来てくれるファンだけが残りリピーターになってくれている。それにともない、物販の売り上げも好調。地域密着型のショップとあって、近所の人が自宅用の豆やドリップバッグを購入するケースが大半だ。

逆に、大阪・梅田に構えるルクアイーレ店では、場所柄ギフト需要が高い。ECサイトについては、利便性を重視。ブランド力を高めることで、現在安定した結果が出せている。計画はスタッフともしっかりと共有し、先を見据えた運営に取り組んでいる。

①JR天満駅、地下鉄谷町線天神橋筋六丁目駅より徒歩5分の立地。2階の窓の向こうには焙煎機が見える。　②2階の窓際に設置している焙煎機は、「ラッキーコーヒーマシーン」。先代より直火式を受け継いでいる。焙煎日は木曜日に設定し、在庫により別日も調整。③写真はインドネシアのアチェ。3つの商社と取引し、価格、品質を比較してバランスよく生豆を仕入れている。

目先の結果を求めるのではなく
本当のファン作りの必要性を感じています

西川隆士さん

祖父が1959年に開業し、父が2代目だった『三和喫茶』の名前を冠し、2011年に自家焙煎所『Sanwa Coffee Works』を立ち上げる。ほぼ独学で焙煎について学んだ。大阪・梅田の商業施設「ルクアイーレ」に姉妹店がある。

新型コロナウイルスの影響を受けた2020年頃、一時はお客様にもっと来ていただくためにと単価の安いシュークリームを作って販売したり、朝はコーヒーを注文するとトーストをサービスしたりするなど思考錯誤していました。ですが、店内はにぎわっていても、物販商品はそれほど動かない状況でした。

そこで、すぐに結果を求めてお得感を出すのではなく、当店のことを好きで来ていただけるようにする必要があると感じました。ブランド力をつけるためのさまざまな取り組みをしています。内装をリニューアルし、思い切ってコンセプトを変えたところです。これから商品の価格帯もさらに上がる予定ですが、それでお客様が離れることのない店作りがテーマです。

COFFEE BEANS LINEUP

2023年1月現在

SINGLE ORIGIN シングルオリジン

□ **ニカラグア・リモンシージョ**
ニカラグア／ナチュラル／浅煎り

□ **エチオピア・イルガチェフェ**
エチオピア／ウォッシュド／浅煎り

□ **エルサルバドル・サンタリタ**
エルサルバドル／ナチュラル／浅煎り

□ **ケニア・ニエリ**
ケニア／ウォッシュド／浅煎り

□ **コスタリカ・タラス**
コスタリカ／ナチュラル／浅煎り

□ **インドネシア・アチェ**
インドネシア／ウォッシュド／浅煎り

□ **グアテマラ・エルインヘルト**
グアテマラ／ウォッシュド／浅煎り

□ **ブラジル サントス**
ブラジル／ナチュラル／中煎り

□ **ブラジル・トミオフクダ**
ブラジル／ナチュラル／中煎り

□ **キリマンジャロ**
タンザニア／ウォッシュド／中煎り

□ **グアテマラSHB**
グアテマラ／ウォッシュド／中煎り

□ **マンデリンG1**
インドネシア／ウォッシュド／中煎り

□ **イエメンモカマタリ**
イエメン／ナチュラル／中煎り

□ **コロンビアスプレモ**
コロンビア／ウォッシュド／中煎り

□ **コロンビアスプレモ ダークロースト**
コロンビア／ウォッシュド／深煎り

□ **キリマンジャロ ダークロースト**
キリマンジャロ／ウォッシュド／深煎り

□ **パプアニューギニア**
パプアニューギニア／ウォッシュド／深煎り

□ **ケニアAA**
ケニア／ウォッシュド／深煎り

□ **エチオピアシダモ**
エチオピア／ナチュラル／深煎り

□ **ブラジルサントス ダークロースト**
ブラジルサントス／ナチュラル／深煎り

BLEND ブレンド

□ **トラッド**
ブラジル・タンザニア・他／中煎り

□ **ブロッサム**
ブラジル・コロンビア・他／中煎り

□ **グリーン モーニング**
ブラジル・コロンビア・タンザニア・他／中煎り

□ **深〜シン〜**
ブラジル・インドネシア・他／深煎り

□ **スピカ**
タンザニア・他／深煎り

□ **ベティ**
ケニア・ブラジル・他／深煎り

□ **ブレイズ**
ケニア・コロンビア・他／深煎り

COFFEE PROMOTION IDEAS

約30種と充実のラインナップ

　ブレンド9種、シングルオリジン21種を展開し、黒を
ベースにコーヒーのイメージごとに差し色をあしらっ
たパッケージがずらりと並ぶ。棚には浅煎り、中煎り、
深煎りに分けて陳列し、それぞれおすすめの淹れ方
や味わいの特徴、「深み・カラメル」「果実味・柑橘」「コ
ク・ボディ」のレベルがわかるようを記している。通常
イートイン用にはおすすめの豆を用意しているが、こ
の棚から選んでオーダーするケースもみられる。

3000〜4000円が中心のギフト

　1階に並ぶ物販商品の棚は、それぞれの価値が高まるように照明を工夫するなど見せ方を変えた。ギフト向けの商品は4種類
のカフェオレベースやドリップバッグなど。「当店では自宅用の豆の需要が高いこともあり、ギフト商品はブランド力に合わせて売れ
ればよいなと考えています。経営的には利率が悪くなるため特に力を入れているわけではなく、適切なラインナップを心掛けていま
す」(西川さん)。また、イベントに合わせたブレンドはバレンタイン、クリスマスで展開する。

オーナーおすすめの豆とドリンク1杯のセット

「OASIS SERIES」は、オーナーおすすめの2種類の豆（各125ｇ）を手提げタイプのパッケージに入れたギフトにも自宅用にもおすすめのシリーズ商品。「ノーチェ／夜更け」「サリーダ／出発」「サウダージ／郷愁」の3つのテーマを用意する。豆と、イートインドリンク1杯がセットになっているのが特徴で、ハンドドリップまたはカフェラテが選択できる。

IDEA **4**　　　グッズ

マグカップはバロメーターとして活用

ロゴ入りのオリジナルマグカップS1650円、L2200円を販売。「本当にファンでないと購入していただけない商品ですので、月に何個売れたかという結果を客観的に見て、バロメーターにしています」（西川さん）

IDEA **5**　　　カード類

20ポイントで1000円分の割引を実施

購入金額500円ごとに1ポイントのスタンプを押印。20ポイントたまると、1000円分を割引する。コーヒー豆の外装と同じく黒が基調のシンプル＆シックなデザイン。天満本店、ルクアイーレ店で共用できる。

特別感のあるトーストで
客単価をUP

　同店のシーズンごとにメニューの変わる
オープンサンドは、店に来たくなる楽しさ
を与えている。これまでシャインマスカッ
ト、柿とカブ、苺と黒豆チーズを展開。パ
ティシエが試行錯誤しながら、アレンジの
効いたメニューを開発している。特別感の
ある食材の組み合わせや、思わず写真に
おさめたくなる映えるビジュアルが魅力。

改装でボックス席も設置

　2階は、改装にともなって2人掛けのテー
ブル席が8、と4人掛けのボックス席が3と
以前より席数を増やした。客層の男女比は
3：7で、読書をしたり、仕事をして過ごす人
が多い。よりゆったりくつろげるボックス席
に限って利用時間90分のメッセージを置
き、適度に回転率を上げている。タイミング
によっては、ガラス越しに焙煎シーンが眺め
られ、お客に鮮度の高い豆をアピールでき
る。

福岡・博多

豆香洞コーヒー 博多リバレインモール店

—

とうかどうコーヒー

所在地：福岡県福岡市博多区下川端町3-1 博多リバレインモール地下2階
TEL：092(260)9432
営業時間：10時〜19時(イートインL.O.18時30分)
定休日：施設の定休日に準じる
坪数：20坪　**物販の客単価**：1400円
URL：https://tokado-coffee.shop-pro.jp/

毎日飲める味わいであるかをただただ追求し続ける

2013年のワールドコーヒーロースティングチャンピオンシップに日本代表として出場し、優勝を果たした後藤直紀さんが営む『豆香洞コーヒー』。コーヒー好きのために精一杯尽くすという思い「At coffee lovers' service」をモットーに掲げ、2008年からオーナーロースターとして店を営んでいる。

後藤さんの味作りの基本にあるのは、"毎日飲める味であるかどうか"という点。これはコーヒーの焙煎を始めた時から変わらない。ゆえに突出した個性がある豆を揃えるというよりも、生産処理もウォッシュド、ナチュラルが基本。新しめの精製方法のものでもハニープロセス、レッドハニーぐらいだ。焙煎度合いもより多くのお客にフィットするよう、浅煎りから深煎りまで幅広く用意し、ブレンド3種、ストレート13種の16種を常時ラインナップ。『博多リバレインモール店』ではそこから10種を厳選して販売している。ここまでだといわゆる一般的なコーヒーショップと大きな差を感じることがないが、『豆香洞コーヒー』では1ヶ月に平均で2～2.5tという生豆を販売するというから、その人気ぶりは疑う余地がない。

もちろん、"世界一の焙煎士が焼いたコーヒー"への興味から、同店の豆を購入する人は多い。そして、それを機に定期購入に移行するケースは相当数あり、売上げアップに繋がっている。とくに商業施設内に入る『博多リバレインモール店』は、その傾向が顕著だ。オフィスも多い天神・博多の中心部という立地柄、ちょっと気の利いた手土産に同店のコーヒーが選ばれるシーンは多く、中でも箱入りのドリップバッグといったギフト商材の売れ行きが良いのは贈る相手を比較的選ばないから。そのコーヒーをもらった人が、今度は自分用に豆を定期的に購入したり、違う相手に対してまたギフト商材を購入するという好循環が自然と起きる。純粋に「飲んでおいしかったから」という体験が土台になっているのは言わずもがなだ。

①2015年にオープンした『博多リバレインモール店』。商業施設で働くスタッフなど向けにテイクアウトコーヒーが毎回108円引きになるサービスも行う。　②焙煎所は「白木原本店」に隣接。　③プロファイルとして残す焙煎中の記録は手書きを一貫。「手書きすることで微妙な違いや予期せぬ変化に気付くことができる」と後藤さん。　④『豆香洞コーヒー』では焙煎前後のハンドピックに余念がない。後藤さんは「もともと品質の良いスペシャルティコーヒーなので、そこまでシビアになる必要はないのかもしれませんが、ハンドピックを徹底することで確実に味わいのクオリティは上がると考えています」と話す。

後藤直紀さん

1975年、神奈川県横浜市生まれ。幼少期から福岡市で育ち高校卒業後、一度は会社員に。コーヒーが生み出す心地よい空間や人との繋がりに惹かれ独学で焙煎を開始。その後、東京の「カフェ・バッハ」の田口護氏に師事。2008年、福岡県大野城市に『豆香洞コーヒー』を開店。ジャパン カップテイスターズ チャンピオンシップ2009で日本3位を獲得するなど開業時から競技会に積極的に参加。現在、『白木原本店』『博多リバレインモール店』の2店を展開中。

コーヒーが目的ではない人を
どれだけ引き込めるかが大切になる

『博多リバレインモール店』は商業施設内という立地柄、焙煎機は設置できませんし、人の手で作っているという印象はどうしても薄れてしまいます。これは個人経営の自家焙煎店にとっては「手作り」という最大の魅力をアピールできず、デメリットになります。そこで『博多リバレインモール店』では、店頭でハンドピック作業を行い、人の手を介してコーヒーが作られていることを発信するようにしました。さまざまなショップが入る施設ゆえ、訪れる人の大半がコーヒーを目的とはしていません。ただ、そういったシーンを目にしてもらうことで、興味を持つきっかけになります。そこから生まれるコミュニケーションも多く、豆やドリップバッグを購入いただくきっかけになると実感しています。

豆を購入するという明確な目的がある人の方が少ないという状況下において、どれだけ興味を持ってもらえるか。不特定多数が訪れるような場所で豆売りを主とした店をやる上では、この点がネックになると考えていますね。

COFFEE BEANS LINEUP

2023年2月現在

□マイルドブレンド／中煎り

□豆香洞ブレンド／中深煎り

□フレンチブレンド／深煎り

□ハイチ マールブランシュ／浅煎り

□ブラジル PN カルモデミナス／中煎り

□ニカラグア パティージャ／浅煎り

□コスタリカ レッドハニー／中煎り

□コロンビア ウィラ マイクロロット／中深煎り

□グアテマラ ウエウエテナンゴ コンポステラ／中深煎り

□ペルー セコバサ／深煎り

□エチオピア イルガチェフ G1／深煎り

□ケニア AA ＋／深煎り

□スマトラ マンデリン タノバタック／深煎り

□インド APAA ジュリアンピーク農園／深煎り

□エチオピア ハイレセラシエ／浅煎り

□パプアニューギニア AA キガバ／中深煎り

COFFEE PROMOTION IDEAS

IDEA 1 ギフト ラインナップ

立地特性を活かした商品展開と売り方

　一般的にドリップバッグはサブ的な位置づけの商材だが、『博多リバレインモール店』では主力商品の一つ。ギフト需要に合わせた箱入りで販売している。周辺にオフィスが多い立地柄、打ち合わせや商談の際などにちょっとした手土産として購入されるケースも多い。「相手がどんなコーヒーが好きで、かつ普段自宅でどのような環境でコーヒーを嗜んでいるかといった情報を持ち合わせていない場合、ドリップバッグを手土産にするのが最適なようです」と後藤さん。

IDEA 2 味の演出

実務と演出を兼ねた集客術

　店舗に焙煎室が併設している「白木原本店」は、ハンドピック、焙煎風景が日常的に見られる環境だが、『博多リバレインモール店』は販売と喫茶のみ。ただ人の手で一つ一つ欠点豆を取り除くといった手間暇をかけていることを伝える手段として店頭でハンドピックを実演。これは純粋に手が空いたスタッフが実務として行うことが第一の目的で、作業効率を上げるためのオペレーションの一環。ハンドピック中でも接客は怠ることなく、会話のきっかけにもなっている。

IDEA 3 セミナー

コーヒーに気軽に親しむ体験

　毎週月曜12時〜12時30分の昼休み時間に行っている、ハンドドリップの基本的なレシピを教えるプチコーヒー教室。料金は1回500円で、自身で抽出したコーヒーはテイクアウトできるとあって人気が高い。「人に教えることでスタッフの知識、技術向上にも繋がります。お客様の疑問に明確に回答できなければ勉強するきっかけにもなる」と後藤さん。コロナ禍は実施できなかったが、2023年からは状況を見ながら再開予定。

勧め方

大外れをしない面の取り方

「白木原本店」やオンラインストアでは常時16種の豆をラインナップしているが、『博多リバレインモール店』はその中から10種に厳選。その理由は訪れる客層がそこまでマニアックなプレゼンテーションを求めていないから。大きく浅煎り、中煎り、中深煎り、深煎りの4カテゴリに分け、そこから好みの味わいをヒアリングを通して見つけていく。後藤さんは「大切なのは大外れを提案しないこと。ピンポイントで好みにアジャストできずとも、大外れでなければ次に繋がる可能性は高まります」と話す。

テイスティング

好みを知る近道を効率的に

コロナ禍で2023年2月現在実施できていないが、以前はお客の好みの味わいを見極める重要な指標になっていたのが試飲。全種の豆を準備するわけではなく、浅煎りと深煎りの2種のみという点に注目したい。10種すべての試飲を用意するのは大変だが、2種なら現場に立つスタッフの労力は軽減される。浅煎りと深煎りという両極端な味わいを試してもらうことで、お客が求めている味わいのストライクゾーンを絞るのが狙いだ。コーヒー教室同様、2023年から状況を見ながら再開予定。

接客サービス

通販でも温もりを大切にする

『豆香洞コーヒー』は"世界一の焙煎士の店"と広く知れ渡っているだけに、多くのコーヒーファンから注目される。ゆえにオンラインストアからの注文は全国各地に及ぶ。「お互いに顔が見えないことから、できる限り人となりが見えるようにしたい」と後藤さん。さりげない心遣いかもしれないが、納品書にスタッフが御礼の言葉を添えるなど一筆入れるようにしている。定期購入者には「いつもありがとうございます」など、できる限りそのお客に対して思いが伝わるような内容を心がけている。

IDEA 7　 味の演出

視覚的にわかりやすい展示

『博多リバレインモール店』の商品陳列スペースに置かれている焙煎の時間経過の説明、コーヒーがお客の手元に届くまでの流れ。お客が焙煎作業を直接目にすることができない環境ゆえ、できる限り現場の臨場感を感じてもらえたらというアイデアだ。豆、ドリップバッグなど商品が並ぶ一角にあることで、思わず目を引き、実際じっくりと読み込むお客も多い。焙煎前の欠点豆も展示することで、どれだけ生豆の時点からクオリティコントロールをしているかも伝える。

IDEA 8　ギフト

ついで買いしたくなるサブ商品

コーヒーを使ったオリジナル商品は、観光地でもある博多エリアという立地柄、白木原本店よりも売り上げが良い。カフェオレベース（2376円）、珈琲羊羹（1080円）など比較的長期間保存できる商品をラインナップするほか、県外や海外など遠方から福岡を訪れた観光客が持ち帰ることを想定し、常温保存が可能なことも重視している。特に珈琲羊羹はこのために配合、焙煎した深煎りのブレンドを特別に作るなど、味わいのクオリティはとことん追求。

IDEA 9　メニュー

試飲的な役割も持つ
手頃な喫茶スペース

ホットコーヒーはイートイン（484円）、テイクアウト（324円）とリーズナブルな価格に設定。テイクアウトはマシン抽出で、その日のおすすめ2種からセレクト可。ハンドドリップで淹れるイートインは、すべての豆から好みで選べるようにしており、喫茶利用から豆の購入に至るというケースも多い。「価格をできる限り抑えているのは、まず飲んでもらうことが大切だから」と後藤さん。

大阪・江坂

TERRA COFFEE ROASTERS
江坂公園ROASTERY

——

テラコーヒーロースターズ

所在地：大阪府吹田市垂水町3-30-9
TEL：06（7507）2019
営業時間：12時〜17時
　　　　（土曜日、日曜日、祝日は10時〜18時）
坪数：18坪　**物販の客単価**：1000円
URL：https://terracoffeeroasters.earth/

高品質の豆の「テロワール」を伝えていく

　店名の「TERRA(テラ)」は、ラテン語で「大地、地球」などの意味で、ワインなどに用いられるフランス語のテロワールのこと。その名の通り、コーヒーにとっても大事なテロワールの個性を最大限に引き出し、感じてもらうことを目指すのが、同店の特徴だ。西村紀彦社長の下、2021年10月大阪・千里中央に開業。同年12月にオープンした江坂公園の店は、焙煎工房とコーヒースタンドという位置づけだ。

　店で取り扱う豆は全部で10種類ほど。できるだけ生産者が分かるところを日本、フランスの商社から買うほか、ホンジュラス産は直接取引をする。その中から、日替わり、週替わりで4～5種類の豆を焼いて販売する。

　「熱心な生産者の、素晴らしい豆を扱っています。そうした豆の品質を表現し、お客様に伝えていくのが我々の仕事。そのためにやれることは、できる限りのことをする」と話すのは、同店ヘッドロースターの山本順平さん。

　豆は劣化が進まないよう、15℃以下で保存。「焙煎はスタートが2℃変わるだけで大変だから」と、焙煎に当たっては、豆を常に一定の温度からスタートさせるため、焙煎スペースはエアコンを24時間回し続けて20℃を保つ。前日に焙煎スペースに豆を出し、1日かけて室温に戻し、さらに焙煎機に入れる前には、表面温度を測ってから始めるという念の入れようだ。

　焙煎度合いは浅煎りだが、充分かつ必要最低限の熱量を加え、適切に浅く焼く焙煎を行う。焙煎の経過を細部にわたるまで把握し、また感覚によるブレを限りなく抑えるため、専用ソフトウェアを導入している。

　高品質の豆をお客に納得してもらうために、売り方においても様々な工夫を取り入れており、ファンは大阪市内だけでなく県外にも広がっている。

①焙煎機は、店の奥に設置したローリングの7kg釜。店は倉庫も兼ねており、保存した豆を常温に戻し、常に20℃から焼けるよう環境づくりをしている。　②③店でオーダーできるコーヒーは、日替わりで2～3種。カウンターに設置したエスプレッソマシンで抽出するコーヒーのほか、ドリップコーヒーでも楽しめる。各500円～。カフェラテは600円。

山本順平さん

小川珈琲で7〜8年バリスタとして勤務後、2014年からドイツ・ベルリンに渡り、現地で2016年頃から焙煎の仕事にも携わる。2018年に帰国後は、京都「オカフェ」で焙煎を担当。2021年から『テラコーヒーロースターズ』ヘッドロースター、品質管理者として活躍中。

ストーリー性のあるコーヒーの特性を感じさせる売り方に注力する

コーヒーも農作物ですから、作り手だけでなく育った環境も重要で、質の高い豆ほど、それが個性として出てくる。そうしたことを、我々が焙煎する豆の味わいを通じて、お客様に伝えたいと思っています。

そして高品質でストーリー性のある豆を楽しんでいただくために、まず見た目にも高級感を感じてもらい、そのコーヒーの産地のことにも思いを馳せてもらえればと思い、パッケージから工夫しています。

おいしいコーヒーを育てるには、環境のことが大事になってきますので、やはり店としてもゴミの問題などをはじめとして、環境に配慮していることをお客様に伝えたい。それを豆の販売時に感じていただける試みも行っています。ただし、店ではそれを強調するのではなく、さり気ないスタイルで自然と感じていただくことに重きを置いています。そうした試みに共感していただきけるファンを作るような取り組みを行っています。

COFFEE BEANS LINEUP

2023年2月現在

□ コスタリカ　エウゲニオ・エルナンデス　サン・ロケ・ケニア
コスタリカ／ダブルウォッシュド／浅煎り

□ エルサルバドル　エンリケ・メナ・グティエレス　パカマラ
エルサルバドル／ウォッシュド／浅煎り

□ ブラジル　ラルフ・ジュンクエイラ　イエローブルボン
ブラジル／ナチュラル／浅煎り

□ コスタリカ　アントニオ　バランテス　ヴィジャ　サルチ
コスタリカ／ハニープロセス／浅煎り

□ ホンジュラス　エリアス・サガツメ　パライネマ
ホンジュラス／ウォッシュド／浅煎り

COFFEE PROMOTION IDEAS

パッケージ

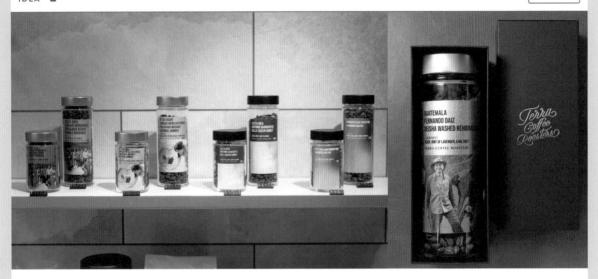

「ガラスボトル」とラベルで、高級感をさらに演出

コーヒー豆の高級感を見た目で伝わりやすくするため、同店では、独自にデザインしたラベルを付けたガラスのボトルで販売している。ボトルは、小は100ｇ、大は180ｇ。家庭で移し替えなどせず、買ってきたそのままの状態で使える。ラベルも高級感があり、いい豆のコーヒーを飲んでいることを常に意識でき、さらに楽しくなる。プレゼントにもしやすい。使い捨てもなくせるなど、利点は多い。ボトル代は取っておらず、購入したお客がボトルを持ってきてくれたら、「環境に貢献している」ということで100円引きにしている。

ラインナップ

「テストロースト」を商品化

新しい豆を使う場合、必ずテストローストする。その結果、質の高い豆だが、店の規格外になることもある。その豆を無駄にせず、できるだけ透明度の高いビジネスをしたいと考え、それをそのまま「テストロースト」という商品名で、1kgで販売。店の規格外ということで、価格は手間賃程度の割安。バリスタなどは抽出の際の勉強にもなるほか、店のコーヒーを知ってもらうきっかけにしてほしいと考えている。ただし、テストローストの無い時には無いこともある。

家庭向け、オフィス向けも好調

　同店では、サブスクにも力を入れている。家庭向けには、月4400円で、店がセレクトし毎月最初の焙煎日に焙煎したコーヒーを、その翌日に発送（180ｇ×2ボトル）というスタイル。月6050円でホームブリューセット（ドリップマシンとグラインダー）を無料貸し出しで180ｇ×2ボトルを発送という2つの方式のほか、企業やオフィスにもサブスクを用意。豆1kg7000円〜で、グラインダー内蔵の「jura」のマシンを無料貸し出し。すでに70台ほど出している。大阪だけでなく東京にも利用者が広がっている。

アルミ缶でエコをアピール

　コーヒースタンドとして、日替わりで2〜3種の豆を用いたテイクアウト用のコーヒーも販売。特にアイスのテイクアウトに関してのみ、持ち帰り容器としてアルミ缶を使うこともできる。プラスチックごみを無くし、アルミ缶なのでリサイクルもできることから始めたもの。熱が伝わるので、熱くなるホットでは提供していない。

辻本珈琲

ツジモトコーヒー

所在地：大阪府和泉市春木町1156-1
TEL：0725（54）3017
営業時間：12時～17時（土曜・祝日11時～）
定休日：金曜・日曜（夏季・冬季・臨時休業あり）
坪数：15坪（店舗1階）
URL：https://tsujimoto-coffee.com

値段以上の価値を意識した、商品づくりとラインナップ

和泉市春木町にある『辻本珈琲』に入ると、エントランスには半熱風式焙煎機「GIESEN」が設置され、店内中央の大テーブルにスペシャルティコーヒーからドリップバッグまで、多岐にわたるコーヒーがずらりと並ぶ。窓側のスペースにはポットやドリッパーなど様々なコーヒー器具がセンスよくディスプレイされ、まるでコーヒーを五感で体験できるショールームのような雰囲気だ。

同社は1899年創業の日本緑茶専門店「辻本製茶」の新事業として2003年に誕生。創業当初は大手量販店に卸すメーカーのOEMとして、ドリップバッグの製造業としてスタートしたが、2003年に自社工場の設立を機に、オリジナルブランド商品をエンドユーザーに直接販売するため、ネット販売を開始。そして2016年に旗艦店として焙煎室を併設した実店舗をオープンした。

現在の主力商品は、海外の農園などと深い信頼関係を結ぶことで、テロワールや生産方法などを重視して厳選するスペシャルティコーヒーをはじめ、ドリップバッグ、カフェインレスコーヒー、リキッドコーヒーなど。同社はもともとネット販売から事業を成長させた経緯もあり、顔を合わせられないお客に値段以上の価値を届けることを重視してきた。

「手に取った時にワクワクするようなパッケージデザインや、その商品にまつわる物語をメッセージで伝えるなど、購入されたお客様にはこの商品を選んでよかったと思えるよう、常にアイデアを凝らしています」とWEBおもてなし部の長谷川大さん。そういった工夫から、同社の企業姿勢や思いに共感するファンが全国に広がり、今もネットの売上げが大半を占めていると話す。企画力と多様な商品ラインナップ、そしてコーヒーへの真摯な姿勢が支持されている。

①広々とした店舗は以前はカフェスペースを設けていたがコロナ禍を機に廃止(テイクアウト用は現在も販売)。スタッフと会話を交わしながらゆっくりと商品を選べる空間になっている。　②遠目からも目を引くスタイリッシュな建物。2階はオフィスになる。　③実店舗には焙煎室を併設。スペシャルティコーヒーは緻密に計算した味わいが表現できる半熱風式焙煎機「GIESEN」、ドリップバッグは安定した焙煎が行える完全熱風式焙煎機「LORINGスマートロースター」を使用。　④同社はドリップバッグの需要が高いことから、日常使いの商品からテーマ性のあるものまで様々な種類をラインナップ。

脇田萌維さん(左)
長谷川大さん(右)

代表の辻本智久さんを中心に、現在23名のスタッフが事業を運営する。写真左はサブマネージャーの脇田さん、同右はWEBおもてなし部リーダーの長谷川さん。焙煎などを担当する製造部のほか、web事業などを担当する「WEBおもてなし部」、配送業務担当の「おとどけ部」、店舗運営担当の「おみせ部」があり、9名がコーヒーマイスターの資格を取得。

"モノ"としてのコーヒーではなく、コーヒーを通して始まる時間を提供

コーヒーを販売する上で重視しているのが"モノ"としてのコーヒーではなく、コーヒーを通して始まる時間を提供することです。そのアプローチとして、パンとの相性を考えたコーヒー、雨上がりに飲むコーヒーを開発するなど、生活の様々なシーンに寄り添ったコーヒーの楽しみ方を形にして提案しています。また、パッケージやリーフレットも商品ごとに個性を打ち出したデザインにすることで、自家用だけでなくギフト需要にも対応しています。

その他、スペシャルティコーヒーは、弊社代表でCQI認定Qグレーダーの辻本智久が厳選したコーヒー豆を品質管理や鮮度にこだわりながら自社で焙煎。常時15〜20種類が揃い、選択肢の広さも支持されています。

2023年2月現在

スペシャルティコーヒー

□**エチオピア　ティルティラゴヨ**
エチオピア／サンドライ／浅煎り

□**エチオピア　ティルティラゴヨ**
エチオピア／ウォッシュド／浅煎り

□**エチオピア　グジ モカ**
エチオピア／サンドライ／浅煎り

□**イエメン　ホワイトキャメル モカマタリ**
イエメン／ナチュラル／浅煎り

□**ブラジル　アルタ・グラシア**
ブラジル／ハニー／浅煎り

□**グァテマラ　アンティグア ダリオ**
グァテマラ／フリーウォッシュド／浅煎り

□**コスタリカ　パストーラ農園**
コスタリカ／ナチュラル／浅煎り

□**コスタリカ　エル・セドロ農園**
コスタリカ／アナエロビックファーメンテーション／浅煎り

□**エチオピア　グジ ウラガ**
エチオピア／レッドハニー／浅煎り

□**ルワンダ　ウムレゲCWS**
ルワンダ／ナチュラル／浅煎り

□**ペルー　ロス・フロラレス**
ペルー・プーノ県サンディア州／ウォッシュド／浅煎り

□**ケニア　キアンドゥ ウェットミル**
ケニア／ウォッシュド／中煎り

□**コロンビア　サントゥアリオ**
コロンビア／ウォッシュド／中深煎り

□**グァテマラ　アンティグア レタナ**
グァテマラ／フリーウォッシュド／中深煎り

□**ペルー　ロス・フロラレス**
ペルー・プーノ県サンディア州／ウォッシュド／中深煎り

□**エチオピア　ティルティラゴヨ**
エチオピア／ウォッシュド／中深煎り

□**インドネシア　グランブルー**
インドネシア／スマトラ式／中深煎り

カフェインレスコーヒー

□**デカフェ モカ**
エチオピア／マウンテンウォータープロセス／中煎り

□**デカフェ コロンビア**
コロンビア／マウンテンウォータープロセス／中深煎り

□**デカフェ バリ　アラビカ-アロナ-**
バリ／スイスウォータープロセス／中深煎り

□**デカフェ メキシコ　エルトリウンフォ**
メキシコ／マウンテンウォータープロセス　地域：チアパス州／中煎り

□**デカフェ ホンジュラス**
ホンジュラス／液体二酸化炭素抽出法／中深煎り

COFFEE PROMOTION IDEAS

IDEA 1　味づくり

暮らしの時間に寄り添ったコーヒーを
シリーズで企画開発

　ネット販売の開始から、コーヒーを通じて始まる"すてきなじかん"を届けることをテーマにしてきた同店。2017年からは「すてきなじかんプロジェクト」として、テーマに合わせたドリップコーヒーを企画開発している。四季折々の雨上がりに飲みたいコーヒー「雨あがりのじかん」やパンとのマリアージュを考えた「ぱんじかん」など、品種や味わいでなく、コーヒーを楽しむ様々なシーンに合わせるという他にはない独自の切り口で展開することでファンづくりに取り組んでいる。

IDEA 2　ディスプレイ

レーダーチャートで風味を端的に表示

　スペシャルティコーヒー、カフェインレスコーヒーは、品種以外にテロワールや精製方法にも着目して紹介。プレートには、商品ごとに生産国や農園、精製方法、品種を記載し、苦味・甘み・酸味・ボディ・個性を表現したレーダーチャートも取り入れ、好みのものが見つけやすくしている。風味の解説は専門用語を使わず、わかりやすい言葉で表現する工夫も。

IDEA 3　紙媒体

リーフレットでコーヒーの魅力を伝える

　コーヒーに添えるリーフレットは魅力がより伝わるよう、商品ごとに形もデザインも変えたものを作成。そのコーヒーが育まれた環境や風味の解説、どういったシーンに飲んでほしいかなど、手紙のような温度感のある言葉とイラストで構成され、読んで楽しいものになっている。特にネット販売では、このリーフレットが店の思いを代弁してくれ、お客と店とを繋ぐ大きな役割を果たしている。

IDEA 4　勧め方

接客時は対面で、説明も時間をかけて

　ネット販売を主力にする同店では、丁寧な商品説明やお客に寄り添った提案などで価格以上の価値を感じてもらうことを大切にしており、実店舗でも接客サービスを重視。カウンター越しではなく、お客と対面しながら好みを聞き、極力、馴染みのある言葉でわかりやすく説明することを徹底。お客が納得するまで時間をかけて接客し、リピーターをしっかり掴む。

IDEA 5 ラインナップ

スペシャルティは産地の個性が
あるものをセレクト

　スペシャルティコーヒーは人気の銘柄にこだわらず、生産国ならではのテロワールやユニークさを最優先。そのため他店にはない希少な豆も多く、その個性を引き出すべく、CQI認定Qグレーダーの技能者でもある代表の辻本智久氏監修の下、焙煎方法も試行錯誤することで、絶大な支持を得ている。また、常時15〜20種類と品揃えを充実させる一方で、鮮度を優先して在庫量はできるだけ限定し、いつ来ても新しい商品を提供できるよう努める。

IDEA 6 グッズ

コーヒー時間がより楽しめる器具を販売

　「コーヒーを楽しむ時間は魅力的な器具もあってこそ豊かになる」という持論から、ミルやドリッパー、ケトルなど多数の器具を販売。見た目の美しさに加え、機能性もプロの視点でセレクトしており、実店舗やネットでも売れ行きが好調だ。またカフェ開業者向けに、業務用のグラインダーやエスプレッソマシンも取り扱う。実店舗では体験操作サービスも実施。

IDEA 7 ラインナップ

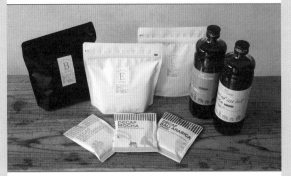

様々なスタイルで
カフェインレスコーヒーを提供

　2009年からカフェインレスコーヒーを販売するなど、いち早く着目。当時は「カフェインレスはおいしくない」という風潮があったことから、仕入れから焙煎、販売まで一貫した製造体制で豆のグレードや焙煎方法などを試行錯誤し、味わいを追求。今では「辻本珈琲といえばカフェインレス」というファンが全国に多い。現在はモカやコロンビアなど種類も豊富で、コーヒー豆やドリップバッグ、リキッドコーヒーなどで販売。

IDEA 8 販路拡大

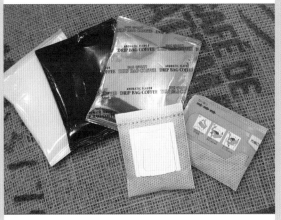

オリジナル商品に加え、OEMにも注力

　創業時にメーカーのOEMとしてドリップバッグを製造していたノウハウを活かし、現在もOEMにも力を入れている。年間製造約480万個の実績をもって一貫した製造体制で、生豆選びから焙煎加工に至るまでトータルに対応。最小ロットは1000個から発注でき、パッケージのオリジナルデザインも可能と、多様な要望にも対応できることからOEMの売り上げも好調だ。

東京・渋谷

THE COFFEESHOP
ROAST WORKS

ザ・コーヒーショップ　ローストワークス

所在地:東京都渋谷区富ヶ谷2-22-12
TEL:03(6407)1344
営業時間:9時〜18時
定休日:なし(お盆・年末年始は除く)
物販の客単価:1,000円
URL:https://www.thecoffeeshop.jp

SNSを駆使してコーヒーの楽しさを発信

広告デザインやデータベース開発を行う㈲バンザイクリエイティブが運営する、スペシャルティコーヒー専門店。2011年の開業時からオウンドメディアに力を入れ、WEBサイトやSNS、紙媒体と各種ツールを駆使してファンを広げ、ブランド力を高めてきた。

スタッフが抽出レシピを実演するYouTube動画や、豆の生産者や彼らの暮らしぶりを紹介するメールマガジン、アイスコーヒーとマッチする音楽についてのコラムなど、硬軟取り混ぜたコンテンツは、コアなコーヒー好きから最近興味を持ち始めた人までを満足させる内容となっている。旬な情報、魅せる写真、遊び心のあるデザインと、本業あってこそのクオリティーだと言えよう。

同店が取り扱う豆は、シングルオリジン8種類、ブレンド2〜3種類が基本で、2週間から長くても2ヵ月で入れ替わる。100g1000円前後の豆がメインだが、時には4000円近いCOE入賞豆も登場する。数量限定のプレミアム感もあり、売れ行きは好調だ。

売れ筋のコーヒーは、月ごとにテーマが変わるマンスリーミックスブレンド。例えば12月は「甘いクリスマススイーツとあう深煎りベース」、1月は「新年を祝う華やかで明るいフレーバー」と、季節やイベントに絡めてブレンドが創作される。また、テーマに合わせて人気アーティストが描き下ろすパッケージデザインも、毎回注目されている。

豆の卸販売をはじめ、イベントへのコーヒーデリバリーサービス、オフィスへのコーヒー導入コンサルティング、出張ワークショップなどBtoBビジネスにも力を入れる同店。ストアマネージャーの萩原大智さんは「今後は海外への展開も視野に入れたい」と意気込む。

①事業スタート時からオンラインでの販売を重視していたため、駅前物件にはこだわらず、最寄り駅から徒歩15分の静かなエリアに出店した。②プロバット社の12kg焙煎機を使用。釜が厚く蓄熱性に優れており、芯までムラなく安定して焼けることが、選んだ理由だ。　③毎月発行する小冊子、マンスリービーンズマガジン。現在発売するコーヒー豆の情報や、スタッフのコーヒーコラム、お客へのお知らせなど、充実した内容。　④コーヒー500円〜。店舗には砂糖とミルクを用意せず、ストレートで味わってもらう。

時世にあわせた柔軟なサービスで、楽しみを提供したい

萩原 大智さん

大学を卒業後、大手コーヒーチェーン㈱ブロントコーポレーションに入社。4年間、店長や経営企画、新店舗開発といった業務を経験した後、スペシャルティコーヒーに興味を持ち、2016年同店へ転職。ストアマネージャーとロースターを務める。

「スタッフ間のカジュアルなミーティングでアイデアを出しあい、よいものはスピーディーに実行に移します。特に2020年のコロナ禍に入った頃は、コーヒーでリラックスしてほしいという想いから、送料無料キャンペーンや、匿名配送でコーヒーをプレゼントできる『コーヒー・シェアリング・サービス』など、数多くの企画にトライしました。抽出器具もよく売れて、売上は例年の6倍。自宅で淹れる人が増えたため、抽出や豆の説明をするSNSの動画配信の更新頻度を高めました。回を重ねるごとに視聴者数も伸び、売上につながっています。SNSで当店をタグ付けして紹介する方が増え、口コミ効果も感じます。今後も常にアップデートし続け、お客さまに楽しんでいただきたいと思っています」

COFFEE BEANS LINEUP

2023年2月現在

☐ **Colombia（コロンビア）/**
Finca La Estrella（フィンカ・ラ・エストレージャ）
コロンビア／ウォッシュド／中浅煎り

☐ **Ethiopia（エチオピア）/**
West Guji Dimtu（ウェストグジ・ディムツ）
エチオピア／ナチュラル／中深煎り

☐ **Honduras（ホンジュラス）/**
Agustin Bonilla Sorto
（アグスティン・ボニージャ・ソルト）
ホンジュラス／ハニー／中浅煎り

☐ **Nicaragua（ニカラグア）/**
COE'22 #16 Las Pavas（ラス・パバス）
ニカラグア／ウォッシュド／中浅煎り

☐ **Ethiopia（エチオピア）/**
Haru（ハル）
エチオピア／ウォッシュド／浅煎り

☐ **Brazil（ブラジル）/**
Boa Esperansa（ボア・エスペランサ）
ブラジル／ナチュラル／中深煎り

☐ **CostaRica（コスタリカ）/**
NW2022 #9 Fidel Typica（フィデル・ティピカ）
コスタリカ／ハニー／中煎り

☐ **Ethiopia（エチオピア）/**
Tamiru Tadesse Tsema（タミル・タデッセ・トゥセマ）
エチオピア／ダブルチェリーアナエロビック／中浅煎り

☐ **February Mix 2023**
エチオピア、ブラジル／ナチュラル／中浅煎り

☐ **Mix Origin / Dark Mix**
深煎り

☐ **Mix Origin / Light Mix**
中煎り

COFFEE PROMOTION IDEAS

IDEA 1

サブスク

初回特典も魅力的な、コーヒー定期便

焙煎後2日以内の新鮮なコーヒーを、毎月ポストへ届ける「コーヒー定期便サービス」。シングルオリジン・スタンダードコースの場合、100g×2種類が月に2回届いて、3200円／月。通常価格よりも472円リーズナブルになる。定期便初回はコーヒービーンズバッグ（1枚638円）がサービスで付いてくる（写真左）。紫外線や日焼けなどの外気から守り、匂い移りも防ぐ。冷蔵・冷凍も可。キャニスターよりも場所をとらないメリットもある。

IDEA 2

ディスカウント

返送された古いコーヒーはリサイクル活用。そのコーヒーをつかって職人が手染めした、オリジナルの手ぬぐい（1650円）。他にコーヒー染めエコバッグ（2200円）もある。

鮮度が落ちた豆を無料交換し、品質イメージを維持

飲みきれず古くなった豆を無料交換する、「ビーンズオーバーホールサービス」を実施。同店で購入して1ヵ月以上経ってしまった未開封のコーヒーを送ると、焙煎したての豆が届くシステム（写真左）。配送料はお客負担。「古くなったコーヒーをおいしく飲む方法はありますか？」という質問から、こんなサービスがあったら喜ばれるのではと始めた施策だ。いつもおいしい状態で飲んでもらえることで、高品質な豆を提供するお店というイメージを維持できるという利点もある。

3

コーヒー＆テクノロジーの新サービス

　コロナ禍だった2020年5月にリリースした「コーヒー・シェアリング・サービス」。SNSなどで繋がっている人に、個人情報を開示しない匿名配送で、コーヒーをプレゼント出来る仕組みだ。相手へのメッセージカードも同封できる。届け先2ヵ所で、各ドリップパック10個の場合3240円〜。最近では個人間のやり取りだけでなく、オンラインイベントや社内ミーティングでの利用も増えてきた。

4

オーダーメイドのドリップバッグ

　オリジナルデザインのドリップバッグが、個人・法人問わず各方面から大人気。納期まで最短10日、最小ロットは10個という手軽さが受けている。企業から1万個以上の大量受注を受けたことも。焙煎したての状態を届けるため、ドリップパックへの充填作業は1つずつスタッフが手作業で行う。結婚式や記念日のプチギフトの他、企業のノベルティ、雑誌の付録、アーティストのツアーグッズなど、利用方法は幅広い。今後は海外への展開も計画中。

5

気持ちを届けるプレゼント企画

　イベントなどをテーマにした、月替わりのコーヒーが楽しめるマンスリーミックスブレンド。ドリップバッグの場合、15個入りで2916円（送料無料）のお得なセットを用意。2020年5月、「共にコロナ禍を乗り越えましょう」という気持ちを込め、過去にオンラインで購入した顧客2,000人以上にマンスリーミックスブレンドのドリップバッグを郵送でプレゼントした。お礼のメールが届いたり、再購入につながったりと反響が大きく、絆が深まった。

多様な抽出方法とカップで、コーヒーの奥深さを体験

　同店では気軽に購入してもらえるよう50gから豆を販売。店内のコーヒーメニューは、それらの中からその日に抽出可能な豆を
カウンターに陳列（写真右上）。注文の際、フレンチプレス、エアロプレス、ハンドドリップ、アメリカンプレスの中から、お客が好みの
抽出器具を選ぶことができる。また、提供にはカナダのコーヒー器具メーカー『ESPRO』の、コーヒーテイスティングカップを使
用。4種類それぞれカップの形や飲み口、厚みなどが異なり、提供するコーヒーの特性によってカップを選ぶ（写真右下）。

IDEA **7**　　　　　　　　　　　　　　　　　　　　　　　　　　　　　　Web活用

©THE COFFEESHOP ROAST WORKS

各種ツールを駆使して
幅広い客層をキャッチ

　WEBサイトの他、YouTube・Instagram・Facebook・
Twitterなどの SNS、メディアプラットフォームのnoteと様々
なツールを使い、毎日何かしらのコンテンツをアップ。特に人
気のYouTube・Instagramのライブ配信は、週に2回更新
する。水曜の夜は萩原さん（右）が担当し、コーヒーの知識
や視聴者からの質問にも答える少しマニアックな内容に。日
曜の朝は女性スタッフ（左）が担当し、ラジオ感覚でゆっくり
視聴できる内容に。コンテンツの差別化をはかることで、多
様な客層に対応している。

COFFEE COUNTY Kurume

コーヒー カウンティー クルメ

所在地：福岡県久留米市通町102-8
TEL：0942-27-9499
営業時間：11時〜19時
定休日：火曜日　坪数：44坪　客単価：1500円
URL：https://coffeecounty.cc/

感性に根拠をプラスして、次なる焙煎ステージへ

2013年に開業し現在、福岡県内に3店舗を展開する『COFFEE COUNTY』。全国的に名を知られる店で、特にオーナーの森 崇顕さんが生産国まで足を運び、買い付ける豆のキャラクターの鮮烈さ、多彩さが同店の代名詞だ。生産者が栽培に傾ける思いを大切にしたいと、コーヒー豆はシングルオリジンにこだわり、一番深煎りの豆でも一般的なコーヒー店の中深煎り程度。常時用意している6、7種の内、4種が浅煎りで、その果実味あふれるテイストはコーヒーがフルーツであることを再確認させてくれる。

店主兼ロースター、そして生豆のバイヤーでもある森さんのコーヒーとの関わり方の転換期となったのは前職を辞めた後。ニカラグアに渡航し、3カ月間にわたり、コーヒー農園で働いた経験が土台になっている。現在は年に4回ほど生豆を仕入れに産地を訪れるのがルーティーンになっており、ホンジュラス、ニカラグア、コロンビア、ケニア、タンザニア、エチオピアと年々訪れる国の数を増やしているところだ。

今までの森さんは豆香洞コーヒーの焙煎士、後藤さんらが「天才肌」と称するように、独自の感覚を頼りに焙煎と向き合ってきた。ただここ1年ほどで、それにプラスしてロジカルな味づくりに取り組み始めた。大きな変化は焙煎の詳細な記録と分析データをトータルで管理できるソフトウェア「クロップスター」を導入したこと。さらに焙煎前後の豆の水分量に加え、食品成分の表面に直接吸着している水分子ではなく、その成分と結合せずに移動できる自由水の割合（水分活性）まで生豆ごとにチェックするなど、鮮度管理も徹底。今まで感覚的にやってきたことを、理論立てて可視化することでおいしさの根拠とする。同店の味づくりは次のステップへ進み始めたところだ。

①カフェ利用も多い。　②1980年製のPROBAT GN-25。最適な場所に追加した感度の高い温度計、ドラムに入る熱風温度の計測器、ドラムの回転数を変えられるインバーター、排気圧を測定できる設備を追加するなど改良が加えられている。　③水分活性を計測することで経時変化のしやすさなどが分かり、早めに焙煎した方が良いといった判断材料になる。　④「出張の際は専任スタッフに焙煎をしてもらう必要がありますが、クロップスターがあればリアルタイムで焙煎の状況をチェックできます。その上で微妙な調整を指示することもあります」と森さん。

森 崇顕さん

1980年、宮崎県延岡市生まれ。大学卒業後、北海道の「CAFÉ RANBAN」で働いたのがコーヒー業界の入口。その後、故郷の九州に戻り、福岡の「珈琲舎のだ」で約4年勤務。転職した「Townsquare Coffee Roasters」でロースターとしての才能を開花させる。2013年に退職した後、ニカラグアのコーヒー農園で3カ月にわたり働く。その時の経験が「COFFEE COUNTY」の礎となっている。

焙煎度合いで選ばせるのではなく、あくまで豆の個性を選択基準にしたい

常時6、7種ある豆の内、4種が浅煎りが占めているようにやはり"浅煎りがおすすめですよ"というのはラインナップを通して暗に伝えています。ただ焙煎度合いをセレクトの基準にしてほしいとは思っていなくて、産地や生産処理によって味わいのキャラクターがそれぞれあり、その点で選んでいただきたいというのが本音です。そのための判断基準となるのが豆の香り、すなわちアロマを嗅ぐ体験。以前は試飲を用意している時期もありましたが、アロマだけでも明確に違いは分かります。さらに豆を購入いただいたお客様にはサービスドリンクも行っていますし、併設している「マツノブデリ」さんのスイーツと一緒にコーヒーを楽しめることからカフェ利用も多い。味わうという体験はその2つでカバーしています。カフェ目的で訪れてイートインを機に豆を買って帰るというお客様も相当数いますので、カフェ機能が豆の売り上げの底上げになっているのは事実です。

COFFEE BEANS LINEUP

2023年2月現在

- ☐ Yemen Taher Saleh Abarat（浅煎り）
- ☐ Colombia Finca La Parcelita "The Middle"（中煎り）
- ☐ Honduras Cabañas Natural（浅煎り）
- ☐ Costa Rica Finca La Granadilla Dark Roast（深煎り）
- ☐ Ethiopia Chelbesa Washed（浅煎り）
- ☐ El Salvador Finca La Montañita Pacamara（浅煎り）
- ☐ THE ETHIOPIAN ROAST（深煎り）

COFFEE PROMOTION IDEAS

IDEA 1

コーヒープロフィール

紙媒体だからできる多様な表現

2022年4月に第1号を発刊した自社制作のフリーペーパー「NOSOTROS」。スペイン語で"私たち"を意味し、第1号はHPのリニューアルに関わったフォトグラファー、webデザイナー、そして森さんが「表現」をキーワードに対談。第3号は「野点のススメ」など、コーヒーという柱は変わらないが、読み物としておもしろいテーマを発信するようにしている。「SNSとは違う紙媒体だからこそできる表現方法で僕らの考え方、想いの本質を伝えられたら」と森さん。

IDEA 2

パッケージ

抽象的なデザインが店の象徴に

「COFFEE COUNTY」の代名詞ともいえるパッケージデザインは森さんがコーヒーの味わいのイメージをデザイナーに色で伝え、それを形にしたもの。あらかじめ複数パターン作ってもらい、新たな豆をリリースする際に森さんが最もイメージに近いものを選ぶという方法をとっている。今やこのパッケージで「COFFEE COUNTYのものだ」とひと目で分かるほど、コーヒー好きの間ではおなじみのデザイン。ブランディングという点でお手本にしたい発想力とオリジナリティだ。

IDEA 3

コーヒープロフィール

産地で感じた思いを伝える術

パッケージに添付するコーヒープロフィールも同店の豆売りの特徴の一つ。生産国や農園、生産者、品種、生産処理といった基本的なスペックはもちろん、産地を訪れた際のエピソード、生豆ができあがるまでの工夫やストーリーも事細かに解説。もちろん「エレガントなフローラル」「彩る甘いスパイスや大地の香り」など独特な表現で味わいについても触れられている。時に私見も盛り込むことで、商業的ではないコーヒーへの熱い想いを感じさせるのもポイントだ。

基本3割、アレンジ7割
スタッフの提案力が肝要

　豆の販売に際し、まず聞くようにしているのが「普段どんなコーヒーを飲んでいるか」という点。そこから大まかな好みを判断し、6、7種ある豆から2種程度おすすめを提案している。お客がコーヒーの知識をある程度持っていると判断できた場合は、豆の品種など、ややマニアックな話題で興味を引くこともある。とはいえ売り方のマニュアルがあるわけではないので、スタッフには基本的な流れだけ教え、あとは現場スタッフがそれぞれで判断するのが接客サービスの基本だ。豆売りはプレミアムな商品を除き、すべて200gから販売している。

抽出レシピを伝える意味でも
有益な選べるサービスドリンク

　豆を購入したお客には1パックにつきドリンクを1杯サービスしている。以前はドリップコーヒーのみに限っていたが、「自宅に抽出する設備がないため、エスプレッソ系ドリンクを飲みたいという声もあり、今はすべてのドリンクを選べるようにしています。また、自分が客だったらと考えた時、選べた方が純粋にうれしいというシンプルな理由も一つ」と森さん。

　ただ、自宅で淹れる際の参考になるという理由から、購入した豆を選んだ上で、ドリップコーヒーを注文する比率は高いそう。その際、聞かれれば湯温や抽出量、淹れ方のコツなどは口頭で説明している。より詳しい淹れ方を質問される際などには、YouTube に 開 設 し て い る「COFFEE COUNTYムービーズ」を案内することも。そういった意味ではYouTubeチャンネルを持ち、そこで抽出方法を解説するのは、店舗におけるオペレーションの観点からもおすすめだ。

IDEA 6

勧め方

アロマがもたらす情報が、好みにたどり着く近道

試飲はないのでそれぞれの豆を挽き、アロマを感じてもらうのがお客への一番のプレゼンテーションになる。使用している容器はウイスキー用の蓋付きのテイスティンググラスで、ノージンググラスやスニフターとも呼ばれるもの。自由に嗅ぐことができ、ほとんどのお客がアロマの情報を頼りに、ある程度好みの豆のセレクトが可能に。そこからアロマだけでは判断しづらいアシディティや飲んだ時に感じられるフレーバーなどを説明し、最終的に購入する豆を決めてもらうという流れだ。

IDEA 7

Web活用

SNS×HP×YouTubeの大きな相乗効果

Instagramの宣伝効果は言わずもがな。それに加えてYouTubeでチャンネルを開設している同店。抽出レシピ動画が再生数1.2万回を超えるなど、コーヒーショップ発信の専門性の高い情報の需要も感じているところだ。公式HPのオンラインストアが好調な理由は、店頭にニュークロップが並ぶと同時にWEB上でもアップするなど、"もう一つの店舗"という位置づけでこまめな更新を心がけているから。「6000円以上購入で、送料無料サービスの利用も多い」と森さんは話す。

COFFEE COUNTY Kurume

garage coffee company

カレージコーヒーカンパニー

八百富珈琲(ヤオトミコーヒー)
所在地:愛知県蒲郡市八百富町1-14
TEL:0533(79)9754
営業時間:10時〜18時
定休日:火・水曜　**坪数**:9坪
物販の客単価:1500円

喫茶 hiraya
所在地:愛知県蒲郡市新井町14-33
TEL:0533(79)9717　**営業時間**:11時〜18時
定休日:水・木曜　**坪数・席数**:24坪・20席
URL:http://garagecoffeecompany.jp/
https://hirayagarage.stores.jp/

写真は「八百富珈琲」

力強いブレンドを主力に、業態の異なる2店舗で販売

海と山に囲まれた愛知県蒲郡(がまごおり)市で、地元出身の小田アキヨシさんが営む「garage coffee company」。「人が集う公園のような場を作りたい」との想いからスタートしたコーヒーロースターだ。

小田さんは『珈琲美美』(福岡県)、今はなき「大坊珈琲店」に代表される深煎り焙煎をリスペクトし、力強い味わいに仕上がる直火式焙煎機を愛用する。豆はすべてスペシャルティコーヒーで、ラインナップは全10種類。中でも主役に据えるのが、3種類のブレンドだ。「CLASSIC is NEW BLEND」は、古きよき喫茶のリバイバルがテーマ。深煎りのマンデリン、ブラジル、エチオピアをブレンドした、奥行きのある味わいだ。全ラインナップ中で、最も焙煎が深いのが「濃好(のうこう)ブレンド」。極深煎りのブラジル豆と、個性を残しつつ深めに煎ったエチオピア ナチュラルを合わせ、深いコクと香りを楽しませる。また、

地域の山から名付けた「五井山」は、浅〜中煎りの5種類の豆をブレンド。さわやかな甘みが複雑に絡み合い、スッキリとした後味が特徴だ。

直営する『喫茶hiraya』では、すべての銘柄を一杯ずつハンドドリップで提供する。レジ横には物販コーナーも充実させており、瓶に詰めたコーヒー豆や、ギフトセットの見本などを展示する。

2020年には、姉妹店『八百富珈琲』を同市内にオープンした。こちらはコーヒー豆の販売と、コーヒードリンク＆ドーナツのテイクアウト販売が中心。レトロなショーケースにパック詰めされた焙煎豆の袋が並び、パッと選べる"町の駄菓子屋"がイメージだ。コーヒーのカップ売りは、スピーディに提供できるエスプレッソ抽出。カフェラテとコーヒー(アメリカーノ)の2種類を販売する。

①カンパニーの拠点として、焙煎や豆売りも行う『喫茶hiraya』。トタン屋根の廃墟を、仲間の力を借りてリノベーションした。　②古い自転車店を改装した『八百富珈琲』。目の前にスーパーマーケットがあり、JR駅も近い。イーストを使ったふかふか生地のドーナツは、コーヒーに合うよう独自に開発したもの。

喫茶は手仕事の温もりを、
ビーンズショップは手軽さを大切に

小田アキヨシさん

「地元・蒲郡に欲しかった場所を作りたい」という想いから、2013年に「garage coffee company」を立ち上げる。焙煎はほぼ独学で習得し、現在は直火式焙煎機を愛用。今後は浅煎りも研究すべく、新たに焙煎所を設け、熱風式焙煎機の導入を計画している。

「garage coffee company」が運営する、『喫茶 hiraya』と『八百富珈琲』。扱う豆は基本的に同じですが、売り方はそれぞれ異なります。喫茶の豆売りでは、人の手仕事を感じてもらえるよう、注文を受けてから豆を詰め、パッケージには銘柄を一枚一枚手書きしています。豆のみの購入もできますが、喫茶利用者が、会計時に豆もついでに購入するケースがほとんどです。

対して、コーヒー＆ドーナツショップ『八百富珈琲』は、コーヒー豆をより気軽に購入できる場。図らずもオープンがコロナ禍に重なり、コーヒーを自宅で楽しむ需要にもマッチしました。仕事の休憩時間に訪れる男性客、買い物ついでに立ち寄る主婦、近隣に住むシニア層、週末には家族連れや若者まで、地域の幅広いお客様にご利用いただいています。

COFEE BEANS LINEUP

2023年2月現在

ブレンド

□**濃好ブレンド**
　極深煎り

□**深煎りブレンド（CLASSIC is NEW BLEND）**
　深煎り

□**五井山ブレンド**
　浅～中煎り

シングルオリジン

□**マンデリン**
　深煎り

□**ブラジル**
　深煎り

□**エチオピア**
　深煎り

□**グァテマラ**
　中深煎り

□**コロンビア**
　中煎り

□**エチオピア**
　浅煎り

□**デカフェ エチオピア**

限定豆

□**バレンタインブレンド**

□**ペルー**
　浅煎り

COFFEE PROMOTION IDEAS

ラインナップ

定番の味に、限定豆で目新しさも

扱う豆はすべてスペシャルティコーヒーで、直火式焙煎による力強い味わいが持ち味だ。コーヒー豆のラインナップは、ブレンド3種、シングルオリジン6種。シングルオリジンはマンデリン、ブラジル、エチオピアといった定番銘柄を取り揃え、ブレンドは基本的にこれらの豆をミックスしてつくっている。加えて、限定豆が月2回のペースで登場。目新しさを出すことで、リピーターの来店動機を高めている。

IDEA 2 パッケージ

『喫茶hiraya』は、手書きや袋詰めなど、手仕事の温もりを重視する。

100gにプレパッケージされた『八百富珈琲』のコーヒー豆。

温もりと手軽さを業態で使い分け

コーヒー豆のパッケージは、店舗ごとに異なるものを用意する。『喫茶hiraya』では、パッケージいっぱいにカラーペンで銘柄を書きこんでおり、クラフト感あふれる印象だ。豆量は100gと200gの2タイプ。『八百富珈琲』では、茶色の袋はブレンド、青色の袋はシングルオリジンと、豆に応じて2色を使い分ける。こちらの豆量は一律100gで統一。

ドリップバッグにも、銘柄のスタンプを一枚一枚手押しする。

IDEA 3

ディスプレイ　勧め方

初めて来店するお客には、まずは香りを比べてもらう。実際に体験してもらうことで、自然と会話も弾む。

駄菓子屋風のケースに入れ、香りから提案

約9坪と小さな『八百富珈琲』で、ひときわ存在感を放つのが、レトロな木製フレームのショーケース。かつて、せんべいなどの販売に使われていたものを、コーヒー豆の販売ケースとして活用している。ケースの上には、ミルで挽いた粉をグラスに入れて並べており、香りを確かめてもらいながら、好みに合った提案を行う。

左／コーヒー豆が並ぶショーケース。プライスシートには、苦み・甘み・酸味の目安を豆の数で表示する。
右／焼き菓子コーナーには、相性のよいコーヒーの銘柄をPOPでアピール。

IDEA 4

販路拡大

自販機で"サッと買い"に対応

2023年には『八百富珈琲』の店前に、コーヒー豆の自動販売機を設置した。週末ともなると、ドーナツやドリンクを求める客で行列になることも多く、豆だけをサッと購入したいというニーズに応えたものだ。販売するのは、定番ブレンド豆、ドリップバッグ、カフェラテベース。既存のパッケージではマシンがうまく動作しなかったため、稼働前には形状やサイズなどを何度も調整した。

紙媒体

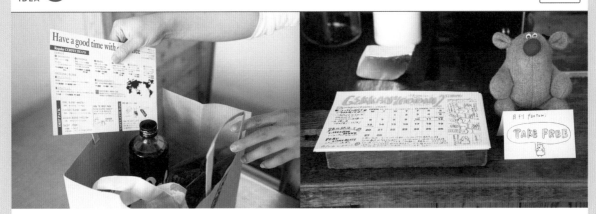

物販の全ラインナップを掲載した商品リスト。　　　　　　　　　　月刊通信はレジ横に設置し、自由に持ち帰ってもらう。

手づくり通信や一覧表でPR

「月刊やおとみ」と題した通信を毎月スタッフが制作し、店頭に設置。営業カレンダーに加え、店の日常を描いた四コマ漫画や限定豆の告知を掲載し、お客との交流ツールの一つだ。また、最近では物販アイテムの商品リストを用意し、初めてのお客に手渡すほか、ギフトにも封入。カフェラテベースやドリップバッグなど、コーヒー豆以外の商品を知ってもらうきっかけとなっている。

ギフト

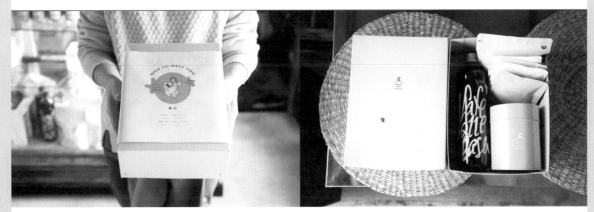

オリジナルギフトの一例。引き出物などの大口注文も増えている。

オリジナル包装紙や、遊び心ある金券も

ギフトは、3000円〜5000円台まで予算に合わせて対応。ドリップバッグ、カフェラテベース、オリジナルのコーヒー豆缶などを詰め合わせる。内祝いには、包装紙に赤ちゃんの写真を使ったオリジナルデザインが好評だ。両店舗の支払いに利用できるオリジナルの金券も用意しており、受け取った人が、店に足を運ぶきっかけになる。

左／金券は小田さんの肖像画入りで、ユーモアたっぷり。
右／バレンタイン限定で予約販売したギフトセット。中身はドリップバッグと焼き菓子。

北海道・札幌

宮の森アルケミストコーヒー

みやのもりアルケミストコーヒー

"心に風が吹くコーヒーを。"

おいしいコーヒーを飲むことは、
自らを大切にし、世の中へ優しさを
広げる行為だと信じています。

宮の森アルケミストコーヒー

所在地：北海道札幌市中央区宮の森3条13丁目5-18
TEL：050（5216）5570
営業時間：木曜〜日曜13時〜17時
定休日：月・火・水曜
坪数：約9坪
物販の客単価：2700円
URL：https://www.alchemist-coffee.com

独自の"試飲サービス"や"来店型定期便"で集客に成功

　無料のコーヒーカウンセリング、リアルサブスク、週4日・4時間営業…と、独自の取り組みで注目を集めるスペシャルティコーヒー専門店が『アルケミストコーヒー』だ。北海道・札幌という市街地にありながら自然が溢れる閑静な住宅街にあり、主な客層を「暮らしを大切にする人」と語るのは店主の川原英佑さん。自宅のキッチンで焙煎を始め、宅配やレストランへの卸売りで基盤を固めた後、2019年に実店舗を構えた。

　お店を開けるのは木〜日曜の13〜17時のみ。それ以外の時間で焙煎や発送作業を徹底して終わらせ、営業の4時間はお客としっかり向き合う時間に充てる。その中で行なわれるのがコーヒーカウンセリングだ。初来店客、リピーターを問わず、どのお客にも案内するサービスで、店の豆3種類をその場で挽いて抽出し、好みの味を見つけてもらうというもの。一見するとただの試飲だが、案内から試飲までのトータル7分の中に、店のファンになってもらう仕掛けがちりばめられている。

　そうして再来店したお客に案内するのが「リアルサブスク」だ。これは来店して好みの豆を持ち帰ってもらう月額利用サービスで、現在500名が登録。この取り組みにより、同店は開店1年半で安定した売り上げを確保できるようになったという。

　棚に並ぶコーヒー豆は常時12種類。北海道では深煎りが好まれるため、一番人気はインドネシアのマンデリンだ。ただ、川原さんいわく「うちの深煎りは苦みではなく深みが楽しめるコーヒー」。豆の風味を生かすクリーンな焙煎を信条に、深煎りから浅煎りまで幅広く焼き分け、スペシャルティの魅力を提案する。目指すのは「心に風が吹くコーヒー」。ここでしかできない体験を付加価値に、コーヒー愛好家を増やし続けている。

①自然が豊かで人気の高級住宅街「宮の森」に立地。店舗は、大自然の中でコーヒーをおいしく飲むイメージで山小屋風の造りに。
②店内の一角にガラス張りの焙煎スペースを設ける。現在はフジローヤルの5kg釜を使用。豆の販売が好調なため、ギーセンの15kg釜を導入予定。
③1日約8バッチ、ひと月に400〜500kgを焙煎。開店前の午前中や定休日に行う。

感動体験で他店と差をつけ、選ばれるお店に

川原英佑さん

『宮の森アルケミストコーヒー』店主・焙煎士。北海道生まれ。心を動かすコーヒーと出会った経験から自家焙煎に興味を持ち、小型焙煎機を購入して独学で焙煎のスキルを磨き、18年起業。宅配や卸売りを経て、19年11月に『アルケミストコーヒー』をオープン。

"心に風が吹くコーヒーを。"

おいしいコーヒーを飲むことは、
自らを大切にし、世の中へ優しさを
広げる行動だと信じています。

宮の森アルケミストコーヒー

おいしいコーヒー豆を売るお店は全国にたくさんありますし、どこからでも取り寄せられる時代です。その中でお客様に選ばれるお店になるには、"10cm"背伸びする必要があります。そのために大事なのが、お客様をいかに楽しませ喜んでもらえるかだと思っています。例えばコーヒー豆のパッケージの底に感謝の想いを忍ばせてみたり、玄関の外まで行ってお見送りしたり。しかも、こうした取り組みのいいところは、コストがかからないところ。やらない手

はないと思います。

お客様に心地いいコーヒー体験をしてもらい喜んでもらいながら、お店としての成果も出さないといけません。そのために取り組みの多くにマーケティングの考え方を取り入れています。カウンセリングでお客様と接点を作り、割引カードで再来店してもらい、定期便で長いお付き合いをさせてもらうなど、知識を応用して段階的なアプローチをすることで、しっかり成果につながるようになりました。

COFEE BEANS LINEUP

2023年2月現在

□ **インドネシア マンデリン トバコ**
インドネシア／スマトラ式／深煎り

□ **ボリビア エドゥアルド トラ**
ボリビア／ウォッシュド／中煎り

□ **ニカラグア ラグーナ**
ニカラグア／ナチュラル／中深煎り

□ **コスタリカ ラ カンデリージャ**
コスタリカ／ウォッシュド／中深煎り

□ **ブラジル カルモデミナス**
ブラジル／ナチュラル／中深煎り

□ **タンザニア モンデュール**
タンザニア／ウォッシュド／中煎り

□ **コロンビア スイートベリー ウィラ**
コロンビア／ウォシュド／中煎り

□ **エルサルバドル サンタリタ**
エルサルバドル／ナチュラル／中煎り

□ **ホンジュラス エルプラン**
ホンジュラス／アナエロビックウォッシュド／中浅煎り

□ **エチオピア イルガチェフェ コンガ ナチュラル**
エチオピア／ナチュラル／浅煎り

□ **ルワンダ シンビ**
ルワンダ／ナチュラル／浅煎り

□ **メキシコ　エル・トリウンフォ　カフェインレス**
メキシコ／マウンテンウォーター製法／中煎り

IDEA 1

ラインナップ | 勧め方

3種試せる、無料「コーヒーカウンセリング」

　初来店客に必ず案内するのが「コーヒーカウンセリング」。店で売る豆から3種を選んでもらい、挽きたて・淹れたてを試飲してもらう。シングルオリジン150㎖×3種を無料で試せるとあって、9割のお客がこれを体験。好みの味を知ることができると喜ばれており、高確率で豆の購入につながる。カウンセリング中に店の想いや豆の品揃え、抽出器具の紹介も行われており、店への親しみや安心感が高まるだけでなく、ドリッパーを併せて購入する人も多く、コスト以上の効果があるという。

抽出には「クレバーコーヒードリッパー」を採用。ドリッパー内で浸漬でき、容器の上に置くことで弁が開いて透過する構造が特徴で、手軽においしく抽出できる。また浸漬の間、手が離せるため、お客と言葉を交わしつつ3種類を同時に提供できる。

《コーヒーカウンセリングの流れ》
①案内（カウンセリングの紹介をし、希望者をバーカウンターへ誘導）
②豆選び（メニュー表を使って豆の味わいを紹介し、種を選んでもらう）
③豆を挽く（店内を見て待ってもらう）
④淹れ方の説明（クレバーコーヒードリッパーも紹介）
⑤注湯＆浸漬（約3分半。この間お客からの質問を受ける）
⑥抽出（提供時、「心に風が吹くコーヒー」という店の想いに関して伝える）
※①〜④は話す内容等が決まっているが、その後はスタッフの裁量に任せている。

カウンセリングの定型部分はスタッフ同士で練習し、スムーズな案内ができるようにしている。
© 宮の森アルケミストコーヒー

IDEA 2

ディスカウント

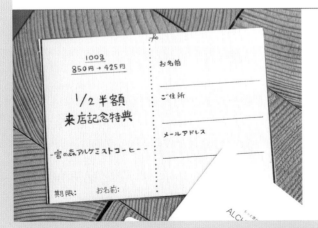

再来店率大幅UP！豆100g半額カード

　初来店客に、「ご来店記念」を銘打った割引券を案内。2週間以内に再来店した際、豆100gが半額になるカードで、右半分は名前、住所、メールアドレスの記入欄になっている。書いてもらったら左半分は割引券としてお客に渡し、右半分は店側で管理。顧客カードも作成し、購入した豆の種類と日付を記録していく。顧客情報を基に初来店の1週間後に、「店を始めた理由」などのメールを送り、より店を身近に感じてもらう。

ディスプレイ | コーヒープロフィール

造り手、売り手、買い手の声を届ける展示

その日に販売する豆全種類（200g1790円〜）を一袋のみ壁面のラックに収納。品種、精製法、焙煎度、価格、味の特徴をまとめたボードを添えている。注目すべきは、味わいがパッとイメージできるようなキャッチコピーを付け、また購入者の実際の感想も添えて分かりやすさを訴求している点。さらに生産者もしくは産地の写真も飾り、豆のイメージを印象付ける工夫が満載のディスプレイだ。

サブスク

もっと豊かに、もっとお得に
ALCHEMIST HOME

1. **すべてのお豆が1袋"1500円"の特別料金になる** （希少な高額銘柄も一定料金）
2. **お豆のお渡しは"もっと便利に"** （クレジットカード決済でお店でのお支払無し）
3. **テイクアウトドリンクは"特別半額料金"** （ご来店の度に何度でも半額）
4. **"贈答用のご購入"も一袋すべて1500円** （2袋(400g)から何袋でもOK）

本サービス：3000円（税抜） ＝ お好きなお豆をどれでも2袋（全銘柄1500円均一）
定価料金 ：5130円（税抜） ＝ ホンジュラス1袋2390円＋ニカラグア1袋2740円

目安	コース	本サービス	最大年間お得	定価の場合	特別特典
1日1杯	2袋コース (200g x 2袋)	3000円	−29760円	5480円〜3580円	テイクアウト半額
1日2杯	3袋コース (200g x3袋)	4500円	−44640円	8220円〜5370円	テイクアウト半額
1日3杯	4袋コース (200g x4袋)	6000円	−59520円	10960円〜7160円	テイクアウト半額
1日4杯	5袋コース (200g x5袋)	7000円	−80400円	13700円〜8950円 *すべて税抜表示	テイクアウト半額

*…小さな店でございます。限界数に達し次第、新規受付を終了させていただきますことをご了承下さいませ。（ご加入状況：487名様：2023/1/5時点）

店内で好みの豆を選べる定期便が、売り上げに貢献

同店で4割の売り上げを誇るのが定期便。一般的なオンラインに加え、ユニークなのは「ALCHEMIST HOME」（通称「リアルサブスク」）と名付けた、来店型の月額制サービス。店内のコーヒー豆から好きなものを選んで持ち帰れるシステムで、例えば「2袋コース」なら、月の前半に1袋、後半に1袋を取りに来ることも可能。

銘柄に関わらず1袋（200g）1500円の価格設定で、どれを選んでもお得になる上、テイクアウトドリンクが半額、ギフト購入時も1袋1500円になる特典も付く。現在加入者は500人近くに上り、法人での加入も多い。

オンラインの定期便では店と違って試飲をしてもらえない分、2ヵ月のお試し期間を設定。初月0円、2ヵ月目は特別価格で提供し、継続か否かを決めてもらう。こちらも急成長中だ。現在、定期便の売上比率は来店型60％：オンライン40％。

IDEA 5

非対面でもお店を感じてもらう

オンラインでもお店を体験したかのような気持ちになって欲しいと、川原さんが手づくりするHPでは、トップ画面にスタッフ全員の笑顔の写真を掲載。開業の経緯やお店が大切にしていることなども、メリハリをつけて読みやすく紹介。ECサイトを気軽に覗いてもらえるよう、導入のタブには「かんたんオンラインストア」と明記する。

商品を配送する際は手紙を同封。送り先が遠方なら、北海道の気候を交えるなど、1通ずつ心を込めて手書きしている。

IDEA 6

販路拡大　看板

卸し先を手書きの地図で紹介

まだ店がなく、自宅で焙煎した豆を宅配していた当時、注力したのが卸し販売。グルメガイドで星を取得した市内のレストランに試飲を申し入れ、コツコツと販路を開拓した（この試飲方法が「コーヒーカウンセリング」の原型になっている）。こうした卸先を店内の黒板で地図と共に分かりやすく紹介。「取引先に支えられている。少しでも貢献できれば」と川原さん。有名ホテルや人気店ばかりで、お店への安心感にも一役買っている。

IDEA 7

パッケージ

さりげないメッセージが感動を呼ぶ

豆のパッケージは無地のクラフト地で、1袋ずつ店名のスタンプを押して作る。底の透明な部分には油性ペンで「Thank you ☺」と感謝の気持ちを書き添えており、買った時に気づかなくても、豆が少なくなると文字が見えるので、そのさりげないメッセージに感動するとともに、新たに豆を購入するタイミングで店の存在を思い出すきっかけにも。

Belleville Brûlerie TOKYO

—

ベルヴィル ブリュルリー トウキョウ

所在地：東京都世田谷区北沢2-21-22 tefu lounge1F
営業時間：10時〜20時
定休日：第1火曜
坪数：15坪
物販の客単価：2500円
URL：https://belleville-japan.com

フランスの人気ロースタリーが海外初出店！

フランス・パリにおけるスペシャルティコーヒーのパイオニアといわれる「ベルヴィル」は、ローストマスターズでの優勝経験をもつデイビッド氏が10年前に創業したロースタリーカフェ。

その海外初出店となったのが『ベルヴィル ブリュルリー トウキョウ』で、代表を務めるのは佐藤成実さん。32歳と若手ながら、ワールドサイフォニストチャンピオンでもある実力派だ。知人経由でデイビッド氏からのオファーを受け、約2年の準備期間を経て東京店を立ち上げた。

店舗があるのは、2022年1月にオープンした下北沢駅直結の複合施設内で、ミニシアターや話題の飲食店などが入る注目のスポット。若者から地元に住むファミリーまで、幅広い客層が訪れる。

コンセプトは、パリ本店と同じく「コーヒー体験を大切に、多くの人においしさを届ける」とい

うこと。店内での焙煎、シックで洗練されたインテリア、エンターテイメント性のあるサイフォンでの抽出など、たとえコーヒーに詳しくなくとも五感で楽しめる工夫がちりばめられている。

自家焙煎豆が買えるカフェということが分かるよう、看板横に生豆の麻袋を置き、入口付近にはコーヒー豆を陳列、レジ前に立つと焙煎機が見えるようにレイアウトをした。試飲用のコーヒーポットも数種類用意、お客は香りと味をたしかめながらスタッフとともに豆を選ぶことができる仕組みになっている。

トレンドとなっているブレンドの提案、SDGsへの視点、コロナ禍対応のテラス席と、時代に沿ったスタイルでさまざまな可能性に取り組む同店。街全体の再開発に伴い商業施設が次々とオープンする注目のエリアで、大人も満足できるコーヒーショップとして存在感をはなっている。

①下北沢駅南西口から0分という好立地。店内に入らず、窓からのテイクアウト注文も可能。コロナ禍に即したスタイル。
②サイフォンで抽出したコーヒーは、やわらかな味わい。パリ本店ではペーパードリップでの抽出だが、東京店でサイフォンが好評なことから、導入を検討中とのこと。　③焙煎機はギーセン6kg釜。週に3回の焙煎を行う。豆の卸先も開拓中。
④抽出後のコーヒーカスは、コンポストに入れて肥料にする。地元の園芸団体の協力で、下北沢線路街の緑に活用される。

佐藤成実さん

アメリカの大学でビジネスを学んだ後、都内のスペシャルティコーヒー専門店に入社。店長職や焙煎の経験を7年積んだ後、父の知人からの紹介でベルヴィル東京店の代表取締役／CEOに就任する。2016年ワールドサイフォニストチャンピオン。

ストーリー性のあるブレンドコーヒーに特化

「コーヒーはブレンドが中心。『ル ミストラル（南仏の季節風に髪をなびかせながら）』、『シャトーベルヴィル（赤ワインの世界へようこそ）』など、フランスらしさを感じる商品名がついています。コンセプトを膨らませながら組み合わせるブレンドは、唯一無二の味。他店との差別化になっています。

開業当初は、カフェ営業は好調ながら豆販売が中々伸びずにいました。自家焙煎店ということを認知してもらうため、抽出のワークショップや豆のサブスクリプションを開始しました。また、コーヒーは1袋250ｇが基本なのですが、まずは試してもらうため店頭では40ｇからの販売に、オンラインでは50ｇ×4種類のお得なお試しセットを導入。それらのことで買い手のハードルが下がり、豆の販売量も順調に伸びてきています」

COFEE BEANS LINEUP

ブレンド

□ル ミストラル（南仏の季節風（ミストラル）に髪をなびかせながら）
アフリカを中心としたブレンド／ウォッシュドなど／浅煎り

□シャトーベルヴィル（赤ワインの世界へようこそ）
エチオピアを中心としたブレンド／ナチュラルなど／中煎り

□ボディビルダー（ダンベルを手に持って！）
エチオピアを中心としたブレンド／ナチュラルなど／深煎り

□ラ トラディション（古き良き喫茶店の伝統を！）
グアテマラを中心としたブレンド／ウォッシュドなど／深煎り

□デカフェ
コロンビア／スイスウォータープロセス／深煎り

シングル

□グァテマラ フナプ小規模農家
グァテマラ／ウォッシュド／中煎り

□Honduras Neptaly Bautista
ホンジュラス／ウォッシュド／深煎り

COFFEE PROMOTION IDEAS

ディスプレイ

おしゃれと実用性を兼ね備えた
ディスプレイ

豆はブレンド4種類、シングル1〜2種類をラインナップ。元は紅茶用という大きな缶に保管する。缶にペイントマーカーで描かれた商品名とイラストは、さりげなくトリコロールカラー。グッドルッキングで、店内のインテリアにもなっている。コーヒー選びに迷っているお客には、フタを開けて香りを確認してもらう。

IDEA 2 パッケージ

豆袋は用途に合わせて変更。
「お試し」は10g単位で販売

250gの豆袋はブランドロゴが入った濃紺のパッケージに、40g〜のお試し（エッセ）はカジュアルなクラフト袋に入れる。エッセは10g単位で購入することができ、フードロス抑制効果もある。

IDEA 3 グッズ

プラスチックフリーのエシカル対応

左／手軽に飲めるコーヒーバッグは人気のアイテム。当初はプラスチック製の箱に入れて販売していたが、SDGsな観点からコットンバッグに変更。ギフト用に購入するお客も増えた。**右**／オーガニックコットン100％のトートバッグ（写真）や、キャニスター・ストージョ（それぞれ店舗に持参すると豆100円引き、ドリンク50円引きになる）、カップ＆ソーサーなどのオリジナルグッズを販売。

エスプリの効いた
コーヒープロフィールカード

　名刺サイズのカードで、フランスを思わせるデザインはコレクションしたくなる。裏面にはそのコーヒーのコンセプトストーリーを記載。例えば「ボディビルダーブレンド」の場合は「ダンベルを手に持って！スペシャルティコーヒーの焙煎の限界に挑戦。カップにはリキュールのような余韻とダークチョコレートのような香りとともに顔にパンチを食らったような力強さが。この戦いに挑んでみませんか？」。詩的な表現が、コーヒーへの興味を誘う。

IDEA **5** 勧め方 テイスティング

コーヒー初心者も、
気軽に利用できる対応

上／駅直結の商業施設内という立地で、隣は自然派スーパー、上階にはミニシアターが入る。普段コーヒーを飲まないお客が立ち寄ることも多いので、難しい言葉は極力使わず、ソフトで丁寧な接客を心掛ける。
下／まずは味を知ってもらうため、セルフサービスのテイスティングポットを店頭に置く。焙煎度が異なるブレンド2種類を用意するのが基本。

IDEA **6**

サブスク

様々な挽き方にも対応

毎月1回、250ｇ×2袋が定期的に届く「コーヒー定期便」は、3400円〜。通常価格に比べ500〜1000円リーズナブルに購入できるとあり、定期購入するお客が増加中。豆の状態は、豆のまま、フレンチプレス用の粗挽き、ペーパードリップ用の中挽き、モカポット用の細挽き、エスプレッソ用の極細挽きから選べる。コース変更やスキップにも随時対応。

IDEA **7**

メニュー

サイフォンとフランス菓子とのペアリング

左／コーヒーは、バッチブリュー390円、ハンドドリップ600円、サイフォン800円と抽出方法によって価格が変わる。　中／華やかなサイフォンは「コーヒー体験」の象徴でもある。淹れ手とお客にコミュニケーションも生まれやすく、豆の販売にもつながりやすい。年配の方からは「懐かしい」との声も聞かれる。　右／スイーツはチョコミントのメレンゲなど、フランスを感じる焼き菓子を数種類用意する。もちろん、コーヒーとの相性は抜群だ。

京都・西陣

Laughter

ラフター

所在地：京都府京都市上京区西熊町289
TEL：075 366 8870
営業時間：10時〜19時
定休日：月曜
坪数・席数：約12坪・7席
物販の客単価：2000円
URL：https://laughter-coffee.com/

タイの少数民族が作る希少なコーヒーを直輸入

自家焙煎豆の卸売とオンラインショップの運営、イベント出店を経て、コロナ禍の2020年10月、京都・西陣にオープンした『Laughter』。静かな住宅地にあり、近隣の常連客と遠方からのコーヒー好きのお客に支えられている。

店頭に並ぶ豆はオリジナルブレンド3種とシングル約5種。看板商品は日本ではめずらしいタイの豆。縁あって知り合ったタイ北部の山岳民族アカ族のチャーリー氏から直接仕入れている。チャーリー氏の豆は、アラビカ種のひとつ・ティピカの原種。育てるのが難しく手掛ける生産者が少ないが、濃厚な甘みが出るという長所がある。「タイの豆はまだ品質が安定していないイメージがあるかもしれませんが、チャーリーは丁寧につくっていて応援したい気持ちがあった」と代表の矢野龍平さん。焙煎を担当する三輪浩朔さんは「チャーリーの豆の最大の特徴である甘みを引き出せるよう焙煎しています。深煎りでは濃厚な甘みを出し、浅煎りではクリアな後味も持ち味なので、すっきり飲める味づくりを意識しています」と語る。

クセがなく、コーヒーのおいしさを底上げするチャーリー氏の豆は、シングルの他、3種あるブレンドのベースとしても使用。チャーリーの深煎りとエチオピアの浅煎りを使った「ラフターブレンド」は、甘みがあってすっきりまろやか。チャーリーの深煎りとメキシコの深煎りを合わせた「西陣ブレンド」は、しっかりとしたコクと苦味がある。チャーリーの浅煎りとメキシコの深煎りを合わせた「ハウスブレンド」は飲みやすさを重視し、口当たりよく仕上げている。

1階が店舗、2階が生豆や物販商品などの倉庫。住宅街にあるが、近隣での認知度は高く、固定客を獲得している。

①㈱アカイノロシの代表取締役矢野龍平さん（右）と焙煎を担当している三輪浩朔さん。矢野さんはオンラインショップの管理、営業活動などを行い、三輪さんは店に立ち、焙煎と接客を手がけている。　②焙煎機は焙煎技術を学んだ京都・北大路の「AMANO COFFEE ROASTERS」と同じ富士ローヤルの半熱風5kg窯を導入。　③2022年11月、賀茂川沿いでオープンした直営2号店「Laughter KAMOGAWA stand」。客席はカウンター4席、屋外のベンチ約8人掛けがあり、利用はテイクアウトが中心。

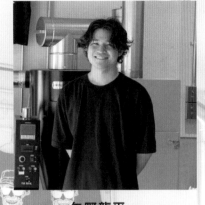

矢野龍平さん

2018年10月、大学の同級生である三輪浩朔さんと㈱アカイノロシを設立。自家焙煎の豆をショップや企業に卸すほか、一般向けにオンラインショップやイベントでも販売し、2020年10月自家焙煎のコーヒーショップ「Laughter」を構えた。

リピーターを定着させつつ
新規客を獲得するチャンスを多角的に狙う

1店舗目は常連のお客様に恵まれていましたが、さらなる新規客の獲得のため、次の一手を考えていた時、お誘いを受け、シェアオフィスの1階に「Laughter KAMOGAWA stand」をオープンできました。最寄り駅から徒歩5分、学生や若い人の往来が多く、散歩道として親しまれる賀茂川沿いという好立地。一見の利用も増えると考え、新たにチョコレートバーを提供するように。コーヒーと相性がいいのはもちろん、食べ歩きしやすい形状で好評を得ています。また2022年2月からポットキャストを利用し、「ラフラジ」というラジオ番組を週1ペースで配信。お店のファンになってもらうため、僕らの人柄を知り親近感を持ってもらえたら、という狙いです。オンラインショップで定期購入いただいている方には全員に送る手描きのメッセージだけでなく、近況を書いたおたよりを添えるなど、常連の方と交流を深めつつ、新たに知ってもらうチャンスを増やせば、自ずとお客様が増えていくと考えています。

COFEE BEANS LINEUP

2023年2月現在

シングル

□チャーリー深
  タイ／ウォッシュド／深煎り

□チャーリー浅
  タイ／ウォッシュド／浅煎り

□アベベ エチオピア イルガチェフェ
  エチオピア／ウォッシュド／浅煎り

□ウィラ コロンビア ピンクブルボン
  コロンビア／ウォッシュド／中浅煎り

□ホルヘ メキシコ
  メキシコ／ウォッシュド／深煎り

□モニカ カフェインレス
  モニカ／スイスウォーターマウンテン／深煎り

ブレンド

□ラフターブレンド
  タイ・エチオピア／中煎り

□西陣ブレンド
  タイ・メキシコ／深煎り

□ハウスブレンド
  タイ・メキシコ／中煎り

COFFEE PROMOTION IDEAS

IDEA 1

ディスプレイ

コーヒー豆の紹介はすっきりと分かりやすく

　自家焙煎の豆のラインナップはブレンド3種、シングルが約5種。不定期に季節限定ブレンドが登場する。豆は焙煎の度合が
わかるようガラス瓶に入れて陳列。基本的には対面販売で豆の説明をしているが、接客を待つお客がコーヒーを選びやすいよう
商品プレートには産地、焙煎度、価格のほか、味の特徴をひと言添えている。

IDEA 2

メニュー　コーヒーチケット

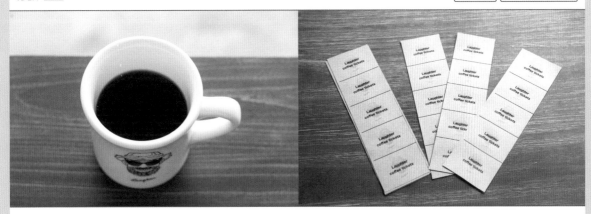

豆の味を知ってもらうためのメニューと割安チケット

　ドリップコーヒーは、使う豆をその日の全ラインナップから選べる。注文を受けてから豆を挽き、ハンドドリップで抽出。同店で
はコーヒーメニューに使えるコーヒーチケットも用意。一般的に10枚綴りが多いが、気軽に利用してもらえるよう5枚綴りにして
2000円で販売。ドリップコーヒー（HOT）の場合、1杯500円なので総額500円お得に。リピート購入する常連客が多い。

IDEA **3**

おしゃれなミニ手提げで
プチギフト需要を開拓

「コーヒー器具を持っていない人が、もっと気軽にコーヒー飲めるように」と用意しているドリップバッグ。いろいろな味を知ってほしいと、チャーリーの深煎りにシングル2種を組み合わせた3個セット600円を販売。お客の要望によって組み合わせは変えられる。ロゴ入りの手提げバッグ（無料）を用意することで、ちょっとした贈り物としても売れている。

IDEA **4**

インパクトのある顔のイラスト

店のロゴは、コーヒー生産者のチャーリー氏がモデル。このインパクトあるロゴを目印に覚えてもらえるケースが多く、認知度アップにつながっている。オリジナルグッズはシンプルながらデザイン性の高さが受け、イベント出店時はグッズだけを購入するお客がいるほどの人気。マグカップ2200円、コーヒー缶1100円、トートバッグM2750円、L3300円。ほかステッカー120円、Tシャツ3300円なども商品化している。

IDEA **5**

姉妹店ではフードペアリングを提案

「Laughter KAMOGAWA stand」ではコーヒーを引き立てるオリジナルのチョコレートバー「ラフターバー」400円（ドリンクとセットの場合は＋350円）を販売。コーヒーの焙煎度に合わせて2種類開発し、深煎りと相性がいい「ラフターバー チョコ」は、チョコブラウニーにキャラメリゼしたピーカンナッツやドライイチジクを加えたもの。浅煎りとのペアリングをすすめている「ラフターバーブランデー」は、オートミールが入った食べ応えのあるブラウニーで、ブランデーがほんのり香る。

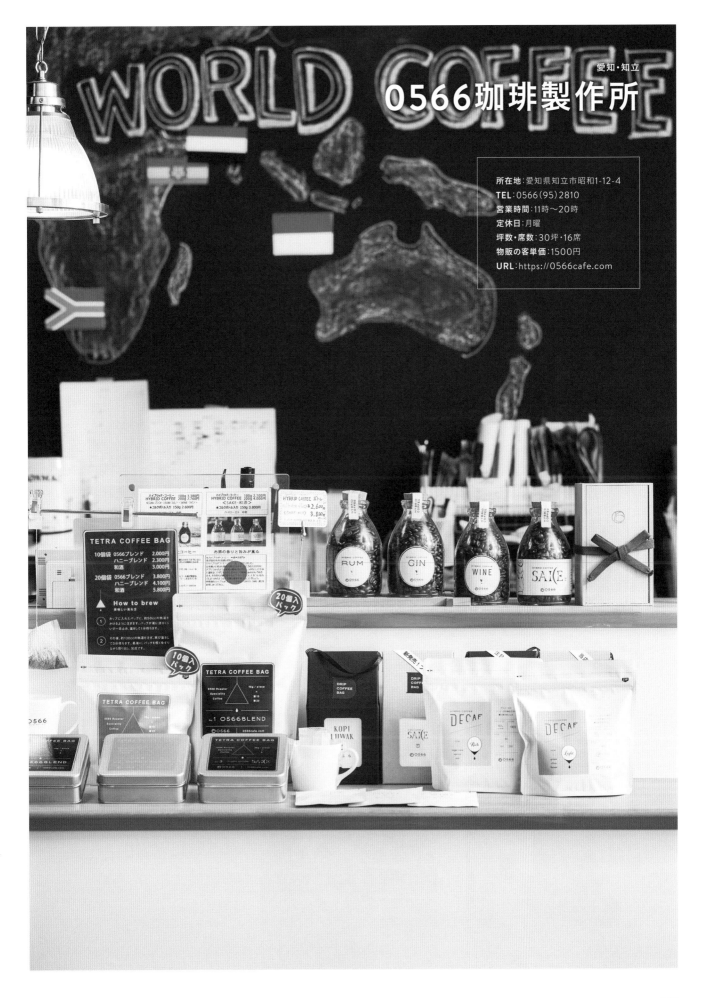

所在地：愛知県知立市昭和1-12-4
TEL：0566(95)2810
営業時間：11時〜20時
定休日：月曜
坪数・席数：30坪・16席
物販の客単価：1500円
URL：https://0566cafe.com

ECを活用し、レアコーヒーやギフトを全国へ発信

世界のコーヒー豆の中でも、希少な銘柄を指す"レアコーヒー"。愛知県知立市に店舗を構える『0566珈琲製作所』は、レアコーヒーを専門に扱うロースターカフェだ。代表の松井 真さんは、自らもコーヒーハンターとして豆を発掘。2種類の焙煎度をミックスした「コピルアック」や、ゲイシャの中でも最高峰と名高いパナマ産の「ゲイシャ ナチュラル」など、常時8銘柄ほどを揃えている。

2023年には、幻とも称されるコーヒー豆三大原種の一つ「リベリカ」を発売した。一般販売に先駆け実施したクラウドファンディングでは、目標額を大幅に上回る165万円を達成。レアコーヒーへの関心の高さを改めて実感したという。

レアコーヒーと並ぶもう一つの特徴が、コーヒー豆に付加価値をつけ、新たな楽しみ方を提案するオリジナル商品。生豆をアルコールに浸して風味をつけた「ハイブリッドコーヒー」や、ドリップ不要で本格派の味わいが楽しめる「テトラコーヒーバッグ」が代表例だ。さらに、ここ数年で伸びているコーヒーギフトの需要に対応すべく、既存商品のギフト版も開発した。例えば、レアコーヒーの看板銘柄「コピルアック」は、真っ白なコーヒー豆缶に入れ、光沢のある深紅の布に包んで高級感を演出。希少な銘柄が気軽に試せるドリップバッグは、贅沢に8種類をギフトボックスに詰め合わせた。同店では実店舗と並行してEC販売にも力を入れており、ウェブ上のショッピングモールにも出店。ECでは実に90%近くの売り上げをギフト関連が占めている。

2022年12月には、コーヒー消費国として成長著しい中国・上海へ海外進出を果たした。中国内での店舗拡大をめざすと同時に、未知なるレアコーヒーの発掘を通じ、産地支援にも貢献していく考えだ。

①2017年開業。当時は県外から足を運ぶコーヒー通も多かったが、現在はEC販売による全国発送が増えている。　②カフェは「さまざまな味わいを知り、体感できるパフォーマンスの場」と位置づけ、客席から抽出や焙煎機が見えるオープンな造り。③液体に浸して焼き上げるインフュージョンタイプの豆は、水分が多く焙煎が難しい。松井さんは自社でいち早く製法を確立し、特許を出願中。　④カフェの抽出に用いるのは「E-PRANCE」のステンレス製ドリッパー。旨みをしっかり抽出しつつ、微粉が出にくい二重構造で、雑味を抑えてクリアに仕上げる。

松井 真さん

『0566珈琲製作所』代表。コピルアックとの出会いからレアコーヒーに目覚め、世界に眠る優れた豆の発掘に尽力してきた。ロースターの枠にとどまらず、味づくりからブランディングまで手がけるコーヒークリエイターとして活動。2022年には中国・上海に海外第一号店をオープン。

新しい価値の商品をクリエイトし、多様化する販路にも対応していく

ここ数年で急激に増えたのが「コーヒーの家飲み」のニーズ。それに応えるべく、「新しい価値のコーヒー商品をクリエイトする」をテーマに、数々のオリジナル商品を世に送り出してきました。また、実店舗以外の販路が拡がっていることも、大きな変化です。当店では2020年春頃からクラウドファンディングに挑戦し、2022年末には「リベリカ」が大きな反響を得ました。プロジェクト掲載を通じて、自社ECサイトへの流入が増加し、ネット上のショッピングモールから掲載依頼が寄せられるなど、ブランドの認知度向上にもつながっています。また、自社ECサイトは今後を見据え、越境ECに対応した「Shopify」を選びました。実際に、海外からの注文も少しずつ増えています。

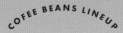

COFEE BEANS LINEUP

2023年2月現在

ハイブリッドコーヒー

□ **RUM - ラム -**
ハイロースト

□ **GIN - ジン -**
ハイロースト

□ **WINE - ワイン -**
ハイロースト

□ **SAKE - 和酒 -**
ハイロースト

デカフェ

□ **美味しいデカフェ（ライト）**
ハイロースト

□ **美味しいデカフェ（リッチ）**
ハイロースト

ブレンド

□ **0566ブレンド**
シティロースト

□ **ハニーブレンド**
ミディアム・ハイロースト

□ **ストロング・リッチブレンド**
フルシティロースト

シングルオリジン

□ **1%リベリカ**
リベリカ種／ナチュラル／ミディアム・ハイロースト

□ **ゲイシャ ナチュラル（パナマ）**
ゲイシャ種／ナチュラル／ミディアム・ハイロースト

□ **コピルアック（インドネシア・北スマトラ）**
複数品種／スマトラ式セミウォッシュドに近い／ミディアムローストとハイローストのミックス

□ **ガラパゴス クイーン（エクアドル）**
クラシックブルボン種／ウォッシュド／ハイロースト

□ **ニカラグア ジャバニカ（ニカラグア）**
ジャバニカ種／ウォッシュド／ハイロースト

□ **ピノ＆バコ飲み比べセット（インドネシア）**
品種はコピヨルをベースにティピカ、カルティカ、USDA、LINI.S795等／ワイニープロセス／ハイロースト

□ **ルワンダ アバトゥンジ（ルワンダ）**
イカワンデンデ種（ブルボンロングベリー種）／ウォッシュド／ハイロースト

□ **温泉コーヒー ピーベリー（エルサルバドル）**
ブルボン種ピーベリー／温泉水によるウォッシュド／ハイロースト

□ **ミャンマー バガン（ミャンマー）**
品種はカツアイ、S795、カツーラ、コスタリカT8667、ティピカ等／ウォッシュド／ハイロースト

COFFEE PROMOTION IDEAS

ラインナップ ディスプレイ

独自ルートで仕入れる
レアコーヒー

レアコーヒー専門店として、コーヒー豆は8種類ほど揃える。生豆は商社を通して仕入れるのが一般的だが、松井さん自身が現地で発掘した「コピルアック」をはじめ、独自のルートで入手したものも多い。店頭では産地や豆の紹介ボードを展示するほか、ECサイトでは松井さんが撮影＆編集した現地映像を交えながら、希少な価値を伝えている。

ラインナップ ディスプレイ

「ハイブリッドコーヒー」"WINE-ワイン-""RUM-ラム-"
"GIN-ジン-"コルクボトル入り各150ｇ3860円。

多彩なニーズにアプローチ

コーヒーとお酒を掛け合わせた「ハイブリッドコーヒー」は、大人の男性をメインターゲットに開発したもの。生豆をラムやジンなどに漬け込んで香りを移し、お酒を飲んでいるかのような気分が味わえる。また、カフェインが苦手という声から生まれた「美味しいデカフェ」は、ハイブリッドコーヒーの技術を応用し、赤ワインや蒸留酒に漬けて風味をプラス。妊娠中や就寝前など、シーンを問わず楽しめる。いずれもノンアルコール。

左／ハイブリッドコーヒーの香り見本。　中／デカフェ"ライト"（左）は、フルーティな香りと甘みに、爽やかな優しい香味が広がる。"リッチ"（右）はアプリコットのような香りに、しっかりとコクが楽しめる。ともに80ｇ1320円〜。　右／老舗造り酒屋の甘酒とコラボした「甘酒珈琲」（年2回限定発売）。健康志向の女性や高齢者にも幅広く訴求。

既存商品に 箱やネーミングで特別感

EC売り上げの要となるのがコーヒーギフト。既存の商品をうまく活用し、専用パッケージやネーミングで特別感を出している。ギフトとして位置づけすることで、単体の豆売りよりも高単価が見込める効果も。自社サイトのほか、ウェブ上のショッピングモールやふるさと納税でも注文が入る。

「テトラコーヒーバッグ ダブル缶セット」5800円〜。中身は "0566ブレンド" "ハニーブレンド" ハイブリッドコーヒー "SAKE‐和酒‐" から2種を選んでセットできる。

左／「ハイブリッドコーヒー」の中でも、浮世絵をモチーフにした和紙ラベルで、オリエンタルな雰囲気が漂う "SAKE‐和酒‐"。ギフト版（7350円）では、ロゴを刻印した桐箱に入れ、伝統的な真田紐で結ぶ。
中／コーヒー豆「コピルアック」を、ギフトでは特別パッケージ入りの「キング・オブ・レアコーヒー」（80g7800円）として販売。
右／8種類のドリップバッグセレクション「DRIP COFFEE 8BAG」8800円。専用箱にセットし、オリジナルのシールで封をする。

クラウドファンディング「Makuake」で先行販売した「リベリカ」。複雑なフルーツ感、独特の香りなど、他にはない個性を持つ。

プロジェクトページには、リベリカ種との出会いから発売に至るまでのストーリーを綴った。

クラウドファンディングで認知度向上

流通量の少ないレアコーヒーや、新しい価値を持ったオリジナル商品は、クラウドファンディングと特に相性がよい。当面の資金調達や新商品のテスト販売といった目的以外に、自社ECサイトへの流入など二次的効果も見込める。松井さんの経験によれば、年末年始は特に購買欲が高まるといい、毎年その時期に合わせて新プロジェクトを発表することも計画中だ。

兵庫・西宮

BUNDY BEANS

—

バンディ ビーンズ

所在地：兵庫県西宮市石刎町16-20 1F
TEL：0798(77)0373
営業時間：10時〜18時30分
定休日：月曜
坪数：13坪
物販の客単価：1500円
URL：https://www.bundybeans.com/

豆売り専門にシフトしWEBでの販売にも注力

阪急苦楽園口駅を降りて、桜の名所でもある夙川添いを北へ徒歩3分。『BUNDY BEANS』がある西宮市苦楽園エリアは、閑静な住宅が並び感度の高いショップが集まっている。2014年のオープン後にお客からのリクエストがありイートイン席を設けていたが、豆売りに専念するべく2018年に店内をリニューアルした。もともと入口近くに設置していた焙煎機を奥のスペースに配置したことで、商品がゆったり選びやすいレイアウトとなっている。このタイミングから、焼菓子やギフトセットが充実したこともあり豆の売り上げがUPした。

店のリニューアルとともに変えたのが焙煎機。2017年のジャパンコーヒーロースティングチャンピオンシップで準優勝した際に、台湾遠征でギーセンの焙煎機に衝撃を受けて導入を決定した。もともと使っていた焙煎機も気に入っていたが、ドラムの回転や窯の中の熱を調整で

きるなど新たな味を作り出せることに魅力を感じ、知識や実力の向上のために新たに導入した。

豆のラインナップは5大陸のシングルオリジンが中心。さらに苦楽園ブレンド、夙川ブレンドといった、地元の地名を冠したブレンドも用意する。なかには、インスタグラムのアンケートから生まれたものも。

2020年春より、近年のおうち時間の増加を鑑み、オンラインでの販売により力を入れるように。「自宅でコーヒーを楽しんでいただける、おうちカフェセット2,999円を全国どこでも送料無料で用意したところ、反響がとても大きかったんです」(オーナー・名越千人さん)。

2020年7月に同じ市内に甲子園店をオープンし、店舗限定の地名を冠したブレンドを販売。2023年夏以降には、焼菓子部門の「BUNDY BAKE」を展開する予定と今後の動向も楽しみだ。

①細やかな調整ができることを魅力に感じ、ギーセンの焙煎機を導入。　②豆の説明がしやすいよう、上段は浅煎り、下段は深煎りと分類。大多数が深煎りを選ぶことから、1000円以上の購入で浅煎りのサービスコーヒーを付ける。コーヒーの選択肢を増やしてもらうのが目的。　③豆それぞれに、味の特徴がわかりやすい説明やレーダーチャートを添えてディスプレイ。

名越千人さん

生地の商社に勤務しながら、愛知県「松本珈琲工房」のコーヒー教室で知識や技術を得る。コーヒーの移動販売を経て、2014年苦楽園に『BUNDY BEANS』開業。2020年7月に2店舗目を構える。

高品質で2枚目が飲みたくなるような "毎日ガブガブ飲めるコーヒー" を提供

オープン時から "毎日ガブガブ飲めるコーヒー" をテーマに掲げています。これには意味が2つあり、1つ目は過度な酸味や苦みのない、つい2杯目が飲みたくなるような味わいのコーヒーということ。2つ目は、生産国での栽培、収穫、品質管理から輸送を経て焙煎、抽出して一杯のコーヒーになるまで安心できる品質を保った、質の高いスペシャリティコーヒーを扱うことを表しています。ブレンドと共に、季節ごとに内容が変わります。店頭での豆売りは、自宅用の需要が高まったことで、これまで2週間に1度来店していた人が1週間に1、2回ペースで来店くださるなど、コーヒーを楽しまれる頻度が増えていますね。例えば100gだった購入が200〜300gに増えています。

COFEE BEANS LINEUP

SINGLE ORIGIN シングルオリジン

□ニカラグア・サマリア農園
ニカラグア／アナエロビックナチュラル／浅煎り

□エチオピア・Tade GG農園
エチオピア／ナチュラル／中煎り

□ブラジル・ペドラレドンダ
ブラジル／パルプドナチュラル／中煎り

□マンデリン・ブルーリントン
インドネシア／スマトラ式／深煎り

□タンザニア・カンジラルジ農園
タンザニア／ウォッシュド／深煎り

□ブラジル・ペドラレドンダ
ブラジル／パルプドナチュラル／深煎り

□コロンビア・パライソ農園　ライチ
コロンビア／ウォッシュド／浅煎り

□コロンビア・ミラン農園
コロンビア／ウォッシュド／中煎り

□ケニア・ギチツAA農園
タンザニア／ウォッシュド／中煎り

BLEND ブレンド

□バンディーブレンド
ブラジル　ペドラレドンダ／パルプドナチュラル／中煎り
ニカラグア　サマリア農園
エチオピア　Tade GG農園／中煎り

□苦楽園ブレンド
マンデリン　ブルーリントン
エチオピ　Tade GG農園
ブラジル　ペドラレドンダ／パルプドナチュラル／中煎り

□夙川ブレンド
ブラジル　ペドラレドンダ／パルプドナチュラル／中煎りと深煎りを混ぜた中深煎り

□甲山ブレンド
ブラジル　ペドラレドンダ／パルプドナチュラル
タンザニア　ガンバ
マンデリン　ブルーリントン／深煎り

□甑岩ブレンド
コロンビア　ボクルカネス／ナチュラル
ブラジル　ペドラレドンダ
エチオピア　Tade GG農園／深煎り

□デカフェ
グァテマラ・エチオピア・ブラジル／深煎り

□フィーカブレンド（季節限定）
エチオピア・マンデリン・ブラジル／深煎り

COFFEE PROMOTION IDEAS

IDEA 1 ディスプレイ

壁全面に物販商品をディスプレイ

お店に足を踏み入れると、正面がコーヒー豆の並ぶカウンター、左手の壁一面が物販の棚というレイアウトになっている。棚には、ドリップバッグやカフェオレベース、リキッドコーヒー、それらと焼菓子を組み合わせたギフトセットなどが多彩に揃う。

IDEA 2 テイクアウト

常時約10種類のテイクアウトドリンクを用意

テイクアウト用のドリンクは、シングルオリジンコーヒーや時価で販売するゲイシャまたはCOEのほか、デカフェメニューが充実しているのが特徴だ。デカフェのラテやカフェモカ、甘味をつけたこどもコーヒーまでもがメニューに並ぶ。また、季節限定のアレンジコーヒーもオリジナル性が高い。夏季限定で提供し人気のあったフルーツコーヒー680円は、オレンジのハチミツ漬けとトニックウォーターを入れたカップに、日替わりのコーヒーをそっと注ぐことで美しい層に。COFFEE JELLY（加糖）1ℓ 1,365円を使った、コーヒーゼリーフロート600円は、クラッシュしたコーヒーゼリーをスプーンで味わうスタイル。チャイのような香りのするブラジルの豆があと口いい。アレンジドリンクをオーダーするのは9割が女性だ。

グッズ

イラストにストーリー性をもたせたコーヒー缶

『BUNDY BEANS』のロゴでもあるシカのイラストが愛らしいコーヒー缶各1320円を販売。左より、名越さんがシカにコーヒーの淹れ方を教えるシーン、成長したシカがお父さんシカにコーヒーを淹れるシーン、さらに家族でコーヒーを楽しむシーンとストーリー性をもたせている。飽きのこない、シンプルでゆるめのタッチも魅力的。また、オリジナルTシャツも販売している。

ギフト オリジナル商品

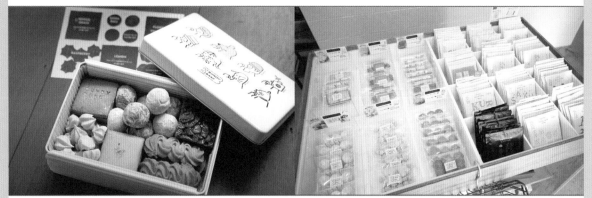

コーヒーと相性のいい焼菓子部門を新展開

焼菓子に特化した「BUNDY BAKE」を立ち上げ、一種類ずつ個装した焼菓子とドリップバッグをディスプレイ。焼菓子に、それぞれペアリングがおすすめのドリップバッグと豆の種類を記しているのでセットで選ぶ人が多い。ギフト用には、コーヒーのともだち クッキー缶3980円を予約販売。2023年夏以降には実店舗も構える予定。

抽出の How to を添える

豆を購入したお客に渡すリーフレットを用意。自宅で使う抽出器具ごとにおいしいコーヒーの淹れ方をポイントをおさえて説明している。カフェオレベース用のリーフレット、ギフトカタログも用意。商品パッケージ同様に店のブランディングを重視しデザインは何往復もやりとりして決定する。

豊富なセットでギフト需要に対応

ギフトセットの中でも売れ筋は、「味を選べるドリップバッグコーヒー10個＆お菓子おすすめ4袋」4979円。「カフェインレスコーヒーギフトM」4940円は、開業時から需要の高いカフェインレスのドリップバッグとカフェオレベース（無糖）のセット。ブレンドを工夫し、デカフェとは思えない深みを出している。ほかにも、ドリップバッグと焼菓子を各5個詰め合わせたセットや7種類のドリップバッグを飲み比べできるセット、カフェオレベース3本セットなど、需要を考えた幅広い商品ラインナップを心がけている。オンライン商品用の資材置き場のために倉庫を借り、梱包・発送業務にも人員がいるものの、売り上げは順調に伸びている。

ROASTERY MANLY COFFEE

—

ロースタリーマンリーコーヒー

所在地：福岡県福岡市中央区平尾2-14-21
TEL：092（522）6638
営業時間：10時〜17時
定休日：日・月・火曜
坪数：6坪
物販の客単価：1400円
URL：https://manly-coffee.com/

焙煎機を刷新し、売り方もブラッシュアップ

2008年、アパートの一室で開業し、2016年に現在の福岡・平尾に移転。店主兼ロースターの須永紀子さんは、福岡のコーヒーシーンを盛り上げてきたキーマンの一人で、ジャパンエアロプレスチャンピオンシップを立ち上げた人でもある。

2022年6月に新たな焙煎機「ローリング スマートロースター」、エスプレッソマシン「ラ・マルゾッコ リネアPB」を導入。熱風式のスマートロースター15g釜を導入する前は、半熱風式の3kg釜で焙煎していたが、「クリーンカップに対して納得できる焙煎ができないことが長年の悩みでした。それこそ生豆の投入温度を1℃単位で微調整する、焙煎時間を秒単位で変えてみるなど、試行錯誤は相当しました」と話す。そのジレンマを解消するために選んだのが新たな焙煎機の導入。スマートロースターを選んだ理由は、須永さん自身味わいが大好きで、尊敬しているコペンハーゲンの「Coffee Collective」でも使われていたから。

須永さんが特に大切にするコーヒーの味わいは、クリーンカップとマウスフィール、そして生豆が持つフレーバー。ゆえに焙煎度合いは浅煎りがほとんどだ。一方で2023年2月に訪れたエチオピアでの経験が、須永さんの考え方を大きく変えた。須永さんは今まで自身の好みを指標に生豆を仕入れていたが、エチオピアに同行した韓国のロースターの生豆の選択基準は「お客様がその味に納得し、満足するかどうか」。さらに環境に配慮したパッケージを使っている点などにも感銘を受けたそう。

2023年2月から豆の売り方は100ｇ、200ｇ、400ｇの3サイズとし、ボリュームディスカウントもスタート。創業したときから変わらない普遍のテーマ「COFFEE IS BEAUTIFUL,LIFE IS BEAUTIFUL.」を追求すべく、より日常に溶け込むコーヒーショップを目指す。

①店を構えるのは、西鉄平尾駅近くの古い長屋が集まる一角で、同エリアにはカレー専門店など、話題を集める店も多数。　②2022年6月、店内を中心に改装。店とバックヤードを隔てていた壁を取り除き、新たな焙煎機「ローリング スマートロースター」を据えるスペースにした。須永さんは「以前使っていた焙煎機での試行錯誤が、スマートロースターでの焙煎の理解を早めています。生豆が持つ風味特性を華やかに、軽やかに表現する焙煎が目標。そういう意味で熱風式は適していると感じています」と話す。　③「ラ・マルゾッコ リネアPB」を導入したことで、豆購入のお客にサービスドリンクも出せるようになった。

須永紀子さん

1974年、福岡県生まれ。短大を卒業後、オーストラリアにワーキングホリデー制度を利用し、渡航。帰国後、コーヒーの勉強を始め、26歳でスターバックスにてアルバイトを始める。同社の社内コンテストで2代目コーヒーアンバサダーとなる。スターバックス卒業後、パティスリーなどにも勤務したが、よりコーヒーへの思いを強くし、2008年『MANLY COFFEE』をオープン。

エチオピアで思い直した
特別ではなく、普通でいることの大切さ

アパートの一室で開業した当初から日常に溶け込むコーヒーショップでありたいと考えていましたが、いつしか"私が！当店が！"といったエゴが強くなっていたのかもしれません。今年2月に産地を直に見るためにエチオピアに行き、原点に帰るような体験をたくさんして、改めて日常に溶け込むとはどういうことか考えました。出した答えが、「お客様の日常のさまざまなシーンに存在すること」「特別であり、当たり前でもある存在になること」です。そのためにまさに今、試行錯誤中なのですが、理想とするのは八百屋で野菜を、ベーカリーでパンを買う感覚でコーヒーを手に取ることができる環境。まずは無造作にコーヒー豆が店頭に置かれ、お客様がほしい分だけを量り売りするスタイルを目指しています。容器を持参、または紙袋をご利用いただければ値引きをし、たくさん購入いただいたお客様には還元があるようにする。ただ安くするのではなく、日常的に買いやすい価格にすることでコーヒーファンを増やしたいと考えています。

2023年2月現在

☐ **SPECIAL ROAST   Ethiopia Gesha Village Oma Gesha1931 Natural**
エチオピア／ナチュラル／浅煎り

☐ **Etiopia Dinkinesh Natural**
エチオピア／ナチュラル／浅煎り

☐ **ETHIOPIA ／ Washed**
エチオピア／ウォッシュド／浅煎り

☐ **MILK CHOCOLATE**
中深煎り

COFFEE PROMOTION IDEAS

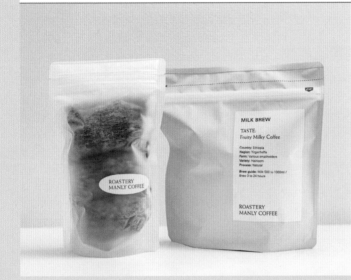

牛乳で抽出する
新しいコーヒーの提案

　佐賀県嬉野市にある牧場、ナカシマファームとの出会いから生まれた「ミルクブリュー」（5パック入り2000円）。浸漬式でコーヒーを抽出するためにパック入りとなっているが、こちらは水出しならぬ、牛乳出しを目的とした斬新な商品。豆はエチオピア イルガチェフェ ナチュラルを使用し、牛乳のミルキーな甘さの中に、コーヒーのフレーバーが優しく溶け込む。トロピカルなテイストが特徴のコロンビア エルパライソの豆を使った「スペシャル ミルクブリュー」（1パック600円）も販売。

コーヒーと親しむ
機会を手軽に

　2022年9月から始めた豆購入者向けのサービスコーヒーが好評。今年3月から100ｇ購入でバッチブリューコーヒー、200ｇ以上購入でエスプレッソ、アメリカーノ、カプチーノ、ラテが選べるシステムに。テイクアウトドリンクの種類も増やし、コルタドやカプチーノといったエスプレッソメニューを特に強化する予定だ。須永さんは「コーヒースタンドのように気軽に利用いただけるスタイルも目指す」と話す。

IDEA 3

パッケージ

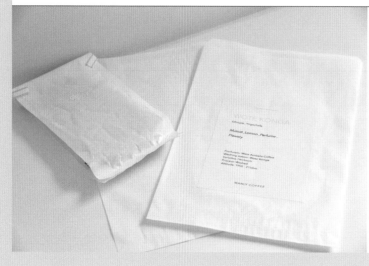

気持ちよく店を営むために

豆売り用の袋は、エチオピアに同行した韓国のロースターが実際に採用しているアルミレスのパッケージに感銘を受け、環境に優しい素材のものに徐々に変更していく。現在、導入を検討しているのはアルミ素材を使っていないタイプで、日本のメーカー、韓国のメーカーの製品を検討中。お客にはシンプルな紙袋も提案し、そちらを選べば20円引きを実施。豆を入れる容器を持参した場合でも同様の割引を受けられる。

IDEA 4

コーヒープロフィール

コーヒーに関わる
すべての人に感謝をして

「よりお客様にわかりやすく」という思いで2021年からは生活のシーンをイメージしやすい4つのカテゴリで豆を分けていたが、コーヒーの生産に関わる人たちの姿に触れ、農園、生産者などにフォーカスしたプロフィールにチェンジ。接客に際して、そのコーヒーの裏側に流れる物語を伝えていく。

IDEA 5

ディスカウント

飲んでほしいという思いの表れ

豆売りは100g、200g、400gの3サイズを用意。全商品200gで20%値引き、400gだと30%値引きを実施。「エチオピアで強く感じたのは"私や店はコーヒーの中の一部である"ということ。"私が、当店が"という主張ではなく、すべてのお客様にとって、居心地のよい身近にあるコーヒー屋さんぐらいの感覚でご利用いただけるような店になりたい。ボリュームディスカウントも、シンプルに飲んでもらいたいという思いからです」と須永さん。

東京・明大前

マーメイドコーヒーロースターズ 明大前店

所在地：東京都世田谷区松原1-36-11 西谷ビル1F
営業時間：9時～18時　定休日：火曜
坪数：7.4坪　物販の客単価：685円
URL：https://www.instagram.com/mermaid_coffee_roasters/

1店舗1焙煎機で、フレッシュで多彩な豆を提供

2022年に居酒屋業態からコーヒー業界に参入した『マーメイドコーヒーロースターズ』は、焙煎後2週間以内のフレッシュなスペシャルティコーヒー豆のみを使用する小規模ロースタリー兼コーヒースタンドだ。現在、明大前店をはじめ、池袋店、札幌店（開業予定）を展開中で、それぞれの店で小型焙煎機を導入し、"自分たちの手で愛情持って焙煎した豆を売る"という理念を貫く。

扱う豆はブレンド2種類とシングルオリジン15種類（うち1種類はデカフェ）で、いずれも「ビター」と「マイルド」に分類。コーヒー初心者でもわかりやすい味わいを心がけており、ブレンド（1杯450円）はエスプレッソマシン抽出のアメリカーノで、シングルオリジン（1杯600円〜）はハンドドリップで提供する。ブレンド2種類は味の印象が対比できるように配合を工夫し、ありあわせの安い豆を使うことなく、シングルオリジンとして販売する豆をブレンドする。ビターブレンドはマンデリンかブラジルを主軸とし、マイルドブレンドはフルーティーさを表現しやすいエチオピアを主軸とする。シングルオリジンは、ナチュラル、ウォッシュドだけでなく、ハニープロセスや嫌気性発酵など、さまざまな精製方法で味の違いがわかりやすい豆を厳選する。また、最近ではタイの農園へ足を運び、今後は生産者から直接仕入れる豆を焙煎して提供することも計画。お客も一緒に楽しめるようなストーリー性のある豆選びを進めていく。

コーヒーの味づくりで重要視しているのは焙煎後2週間以内の豆しか使用しないこと。さらに豆の個性を知り、しっかり表現するために品揃えと鮮度のバランスを考えて少量ずつ焙煎し、可能容量の6割焙煎を心がけている。

①駅至近の角地という好立地。客層は子供から年配者まで幅広い。
②斜めのカウンターは、コーヒースタンド運営を伝授してくれた『PHILOCOFFEA』経営者で代表の粕谷哲さんの発案によるもの。店内には低めの椅子とテーブルを配置し、座って楽しむこともできる。
③明大前店には米国製ディードリッヒ2.5kgと㈱福島珈琲製「電気式減煙装置FCSC-15」を導入。毎日4バッチ（1バッチ1.2kg）焙煎し、横に配置した網棚にストックする。

お客様の楽しみ方を最優先に、独自の売り方を工夫しています

萩原明東さん
(はぎはらめいとう)

㈱ア・グッド・ダイナー CEO。中小企業庁による事業再構築補助金精度を活用し、居酒屋業態からコーヒー業界に参入。スタッフは千葉「PHILOCOFFEA」をはじめ、大阪「Chevron Coffee Roasters」、世田谷「Chouette torréfacteur laboratoire」、大阪「Barista Map Coffee Roasters」といったトップレベルから経営、焙煎、抽出などの技術を習得した。

スペシャルティコーヒーをわかりやすく浸透させることを目標に、地域密着型の店舗をめざしています。ミルク系、オリジナルコーヒードリンク、ハンドドリップ、コーヒー以外のドリンクを揃え、"as you like"をモットーにお客様の好きな飲み方を再優先しています。このモットーは、私がコーヒー店を利用した際に、「シングルオリジンの提供はホットに限り、アイスは作れない」と断られたことも影響しています。

コーヒー豆リストをカウンターに置き、購入時にはお客様の抽出方法など、普段のコーヒーとの接し方をうかがい、よりおいしく楽しめるようおすすめしています。サーバーでの試飲に加え、全種類のおためし豆パックを揃えており、経営する居酒屋同様、挨拶・出迎え・見送りの徹底など、他店に類を見ない取り組みで差別化を図ります。

| 2023年1月現在 |

シングルオリジン

☐ マンデリン ナチュラル インドネシア産／ナチュラル／深煎り

☐ イルガチャフィー G1 ナチュラル エチオピア産／ナチュラル／浅煎り

☐ イルガチャフィー G1 ウォッシュド エチオピア産／ナチュラル／浅煎り

☐ グジ・ゲイシャ G1 ウォッシュド エチオピア産／ウォッシュド／浅煎り

☐ シモダ・エチオピア原種 エチオピア産／ナチュラル／浅煎り

☐ イルガチャフィー G1 コンガ ナチュラル エチオピア産／アナエロビック（嫌気性発酵）／浅煎り

☐ エンデベス農園 ナチュラル ケニア産／ナチュラル／中煎り

☐ イエローナンセ ブラックハニー グアテマラ産／ブラックハニー／深煎り

☐ オリエンテ ナチュラル グアテマラ産／ナチュラル／深煎り

☐ オレンジティピカ ハニー コスタリカ産／ハニー／浅煎り

☐ ビジャサルチ レッドハニー コスタリカ産／レッドハニー／浅煎り

☐ ビジャサルチ ブラックハニー コスタリカ産／ブラックハニー／浅煎り

☐ チョコラータ ナチュラル深煎り ブラジル産／ブラックハニー／深煎り

☐ ダブルファーメンテーション 中国・雲南産／ダブルファーメンテーション／浅煎り

☐ デカフェ ウォッシュド コロンビア産／ウォッシュド／深煎り

ブレンド

☐ ビターブレンド
　マンダリン（インドネシア）・ブラジル他／深煎り

☐ マイルドブレンド
　エチオピア・コスタリカ他／浅煎り

COFFEE PROMOTION IDEAS

IDEA 1

パッケージ

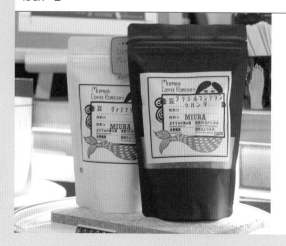

焙煎士名を記載し、自信を持って提供する

焙煎豆はブレンド140ｇ／1100円、シングルオリジン100ｇ／1100円で販売。焙煎日、焙煎士名、おすすめの飲み頃なども記載。同社の焙煎担当は計6名おり、コーヒーの知識だけではなく利酒師もしくはソムリエの資格取得を最低条件としている。コーヒーカッピングスキルだけでなく味に関してのエキスパートが自信を持って提供する。ブレンドについてはボリュームディスカウントでお得感を打ち出す。

IDEA 2

テイスティング

浅煎りから深煎りまで
味の違いをわかりやすく

すべての焙煎豆が試飲可能だが、そのうち7種類ほどを、試飲用サーバーに入れて店頭に配置する。ブレンドとシングルオリジンはそれぞれ「ビター」（深煎りで優しい苦味とコク）と「マイルド」（浅煎りでフルーティーな甘みと酸味）に分類する。色合い、香り、味を確認後、購入できると好評だ。パステル調の缶バケツをカウンター手前に積み重ねてサーバーをディスプレイするなど、独自のアイディアも光る。

IDEA 3

ラインナップ

新しい味に気軽にチャレンジも

新しい味わいを試してみたいというお客に、気軽に手に取ってもらえるようにと考案した、「おためし豆パック」。コーヒー豆は15〜20ｇ入りで、価格は200円という手頃さ。豆は焙煎したものを挽かずに詰めてある。1回分の豆を自分で挽いて試すことができる新しい取り組みだ。

接客サービス

サービス面では
挨拶・出迎え・見送りを実践

「バリスタこそ最高のサービスマンであれ」という信念のもと、おいしいコーヒーを抽出することは最低条件で、お客に合わせた接客こそが大切だと考えており、店のファンを作ることで豆の売上にもつながっている。取材時は、駅に向かう途中などで通りかかる常連客にもスタッフが挨拶する姿が度々見られた。

コーヒープロフィール

コーヒープロフィールの紹介

スペシャルティコーヒーを身近に感じてもらうために作成したプロフィールカード。テイクアウトコーヒーや豆の購入者に配布する。

カード類

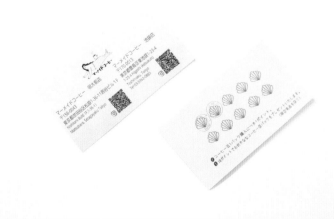

スタンプカードで固定客を作る

豆の購入者に配るスタンプカードは、10個のスタンプでドリンクを1杯サービスする。繰り返し来店し、スタンプを集めてもらうことで固定客を作る目的で、財布やカード入れに収納しやすい薄手の紙で作成。

和歌山・岩出

KAMIN COFFEE ROASTERS

カミンコーヒーロースターズ

所在地：和歌山県岩出市宮60-1
TEL：0736(60)3574
営業時間：10時〜18時
定休日：月・木曜
坪数：9坪
物販の客単価：1400円〜1500円
URL：https://www.kamin-coffee.com

何年経っても飽きのこない味をブレンドで表現

前職（カフェ勤務）の頃からコーヒーへの興味が尽きなかったという西田武史さんが、2020年10月に開いたスペシャルティコーヒー専門店。人口5万人余りの和歌山県岩出市の、のどかな街中にある。

開業に際してイメージしたのは、工場直売所。「コーヒーを飲む人（お客）がメインで、作り手（店）はその背景でありたい」と、店内はグレーを基調にコーディネート。入口・カウンターのそばに焙煎機があり、訪れたお客は、ハンドピックや焙煎豆ができあがる工程を間近に目にする機会も多い。扱う商材はコーヒーのみだが、ドリンクのテイクアウトでは学生の来店も多く、どの世代も利用しやすい雰囲気だ。

西田さんが作りたいのは、飲みやすく飽きのこない味わい、飲んだ後に嫌な味が残らない、冷めてもおいしいコーヒー。極端な個性をもつ豆ではなく、ほかの豆との違いを楽しめて、かつ飲みやすいものを基準に生豆をセレクトする。また焙煎度合いも、浅煎り・深煎りの両端を外した中浅煎り〜中深煎りだ。

コーヒーの好みは十人十色ゆえ、好きな味をたどれるように、ブレンド5種、シングルオリジン8種（うち1種はデカフェ）をラインナップする。「当店の売りは、ブレンドです。高齢の方々にもなじみのあるコーヒーであり、ブレンドする（豆がもつ個性をかけ算する）ことで理想の味に仕上げています」。売上の6〜7割をブレンドが占めており、その中でも半分以上を占めるのが、店名を冠したカミンブレンドだ。

「一番客層の多いところを念頭に味づくり・商品づくりをしているので、お客様からは80点をいただけて、贈り物にもしやすいのだと思います」と西田さん。チェーン店やスーパー、コンビニでコーヒーを購入している人たちが関心をもって、2度、3度と来店するようになる——そんなステップを思い描いている。

①焙煎機の煙突の向きや角度もコーヒーの味に影響すると考える西田さん。店の屋根から垂直の煙突が見える。風向きや雨の侵入防止を考慮して備え付けた。　②焙煎後、袋詰めするまでの間は、太陽シールパック株式会社（和歌山市）のファイバードラムの中へ焙煎豆を入れておく。密閉性・遮光性の高いドラム缶。　③KAMINとはドイツ語で煙突を意味する。屋根まで垂直に上げた煙突（排気ダクト）が目を引く焙煎機はフジローヤルの直火式5kg。

© KAMIN COFFEE ROASTERS

西田武史さん

和歌山県紀の川市出身。大手カフェチェーンでの勤務を経て、和歌山県の「FAVORITE COFFEE」の立ち上げに参画。同店でマネジャー・焙煎士として約10年勤め上げ、2020年に独立を果たす。「都市と違って地方は自分から仕事を生み出していく必要があります」

1クラス上の味わい・商品と
来店の敷居を下げる工夫が鍵

当店の強みは、都市部とは異なる環境下で、豆・器具・ドリンク・ギフトと「コーヒーに関するものは何でも揃うこと」です。

ドリンクのテイクアウトでは、クリームがたっぷりのったカフェオレやウインナーコーヒーを作り、お勧めしています。よい素材を使うことで「ブラックコーヒー党の人も飲みたくなる1杯」に仕上げていて、これらをきっかけにして、10代の高校生から高齢者まで幅広く集客しています。客数・注文の増加にあわせて焙煎量も増やすことで、価格の面でも購入しやすい商品にしています。

オンラインショップでは、3つの質問に答えるだけの手軽な「コーヒー診断」や、お客様が選んだシングルオリジンを一定比率でブレンドする「オーダーメイド」コーヒーなど、コーヒーに関心を持ってもらうちょっとした仕掛けも施しています。

COFEE BEANS LINEUP

2023年2月現在

BLEND
ブレンド

☐ **KAMIN(カミン)BLEND**
グアテマラ・ブラジル・エチオピア／中煎り

☐ **KUMANO(クマノ)BLEND**
ブラジル・インドネシア・コロンビア／中深煎り

☐ **KOYA(コウヤ)BLEND**
コスタリカ・グアテマラ・コロンビア／中浅煎り

☐ **NEGORO(ネゴロ)BLEND**
エクアドル・グアテマラ／中煎り

☐ **HINATA(ヒナタ)BLEND**
ケニア・コロンビア・グアテマラ／中深煎り

SINGLE ORIGIN
シングルオリジン

☐ **Honduras アグスティン ボニージャ ソルト**
ホンジュラス／中煎り

☐ **KENYA カリアイニ AB**
ケニア／中深煎り

☐ **EL SALVADOR ドンハイメ農園**
エルサルバドル／中浅煎り

☐ **ETHIOPIA ティルティラゴヨ農園 ナチュラル**
エチオピア／中浅煎り

☐ **GUATEMALA**
グアテマラ／中浅煎り

☐ **INDONESIA**
インドネシア／中深煎り

☐ **COSTA RICA**
コスタリカ／中浅煎り

☐ **DECAF(デカフェ)**
ホンジュラス／中深煎り

SUBSCRIPTION
サブスクリプション

☐ 定期便／KAMIN BLEND 200g×2袋

☐ 定期便／KUMANO BLEND 200g×2袋

☐ 定期便／KOYA BLEND 200g×2袋

※ブレンドコースは1ヵ月ごと、ほかにドリップバッグコースもある。

COFFEE PROMOTION IDEAS

テイクアウト

来店のきっかけになる大人版オレ

　店頭での購入で多いのが、ドリンクと一緒にコーヒー豆を買い求めるケース。カフェオレ（540円）とウィンナーコーヒー（550円）には、KAMIN BLENDで淹れるハンドドリップコーヒーに、上質のミルクや天然のさとうきびシロップをあわせ、たっぷりのクリーム、アクセントにざらめをのせる。1杯でLサイズ並のお得感もポイント。カップに貼るラベルは季節やイベントによってアレンジする。

ラインナップ

ブレンドで味をととのえて、飲みやすく提案

　酸味・コク・苦味が調和した人気No.1のKAMIN BLEND（写真左）100ｇ680円と、定番の一種KUMANO BLEND（写真右）100ｇ740円。卸売でも、中心はブレンド。卸売では依頼先のオリジナルブレンドを作ることもあるが、最終的に店のブレンド5種の中から選ばれることが多い。現在、豆の販売量では小売2：卸売1。卸売では自ら営業をしないスタイルだが、口コミなどで品質や価格に理解を示す取引先は増えており、県内と大阪泉南を中心に20軒ほどある。

パッケージ

商品名から親しみや興味が湧く

地元の人には愛着を、県外の人には興味をもってもらえるように、KUMANO（熊野）・KOYA（高野）・NEGORO（根来）など和歌山の地名をブレンドコーヒーに付けている。店頭では「ピンクのもの」「ミドリのもの」といったパッケージの色で注文する人も多い。右上のイラストは、和歌山の「山」と「煙突」をモチーフにしたロゴマーク。

カード類

「手軽さ」や「親しみやすさ」を

ドリップバッグ（6個入り1188円〜）や初来店のお客のコーヒーにはポストカードを添える。コーヒーのある暮らしを彷彿させるイラストに、「どこでもグッドコーヒー。」というキャッチフレーズを添えたポストカードは、「手軽さ」や「親しみやすさ」がポイント。

テイスティング

テイスティングコーヒーで味の指標を示す

　店頭でコーヒー豆を購入するお客には試飲を勧めている。「店で飲んだコーヒーと同じ味にならない」という時にアドバイスもできるからだ。地域の人々のニーズや大きな関心の的ではないため、スペシャルティコーヒーを打ち出すような宣伝は行っていない。

IDEA 6

ギフト

確かな品質で贈り物に選ばれる

　小売用のコーヒー豆と卸売用・加工用のそれとを分けたりはせず、すべてにおいて同じ品質の焙煎豆を販売・使用している。贈り物に人気のカフェオレベースは2本セット3024円、デカフェ2本セット3294円。

IDEA 7

コラボレーション

©KAMIN COFFEE ROASTERS

季節やイベントで展開
コーヒー × パンやスイーツ

　2022年末、和歌山県内のベーカリーに特注した「エスプレッソシュトレン」を販売したところ、すぐに予約でいっぱいに。クマノブレンドを使用し、クルミとカシューナッツがたっぷり詰まった生地に、コーヒーのマジパンを仕込んだエスプレッソシュトレン（写真）は3024円で販売した。今後はベーカリーやパティスリーなどとのコラボにも取り組む。また、2023年からシーズンブレンド（コーヒー）を展開する予定。

京都・京都

ROASTERY DAUGHTER / GALLERY SON
BY WIFE&HUSBAND

ロースタリードーター／ギャラリーサン
バイ ワイフ＆ハズバンド

ROASTERY DAUGHTER / GALLERY SON
所在地：京都府京都市下京区鎌屋町22
TEL：075(203)2767
営業時間：12時〜18時30分
定休日：不定休
物販の客単価：3600円

WIFE&HUSBAND
所在地：京都府京都市北区小山下内河原町106-6
TEL：075(201)7324
営業時間：10時〜17時
定休日：不定休
URL：https://www.wifeandhusband.jp

日常の、毎日の、定番となるようなコーヒーを

魔法瓶に入れたたっぷりのコーヒーとマグカップ、小さなお菓子の入ったかごをさげて店から100歩の河原へ行き、ゆったりとした時間を楽しむ。京都・北大路にあるカフェ『WIFE&HUSBAND』（W&H）が提供するこのPICNICというサービスや、アンティーク・ヴィンテージ品に囲まれた個性あふれる空間は、2015年8月の開業からまたたく間に評判を呼び、以来、国内外の人たちから根強い人気を集めている。

当初使用していた1kg釜では焙煎が追いつかなくなったため大きな焙煎所を作ろうと、2018年12月に開設したのが『ROASTERY DAUGHTER』。昭和に建てられた古いビルの扉を開けると右手に焙煎所、左手にコーヒー豆販売所がある。贈り物にされることも考えてデザインしたという豆入れ用の青箱・赤箱、アンティーク・ヴィンテージのショーケースやかご、ドライフラワーなどが飾られ

た販売所に佇むと、その感性豊かな世界観に圧倒される。

W&Hが作るコーヒーは、日常の、毎日の、定番となるようなコーヒー。そのためブレンド・ストレートともラインナップはほぼ定番で、焙煎したての鮮度のよい豆と安定した味わいの提供を大切にしている。

ブレンド4種とストレート5種はどれも店主・吉田夫妻の好きな深煎りのレンジ。「コーヒーをひと口飲んだ時に『ふぅ〜ぅ』と身体全体にしみ渡る刺激を感じる焙煎度合いです」（吉田恭一さん）。

マグカップに入れたたっぷりの1杯をゆっくりと味わうシーンを想定し、焙煎では、冷めてもおいしいコーヒーのための豆中心部への火の通し方に気を配る。

オリジナルで、かつ風味の複雑さによる飲み応えという観点からもブレンドを重要視しており、実際に売れ行きはブレンドが8割を占めている。

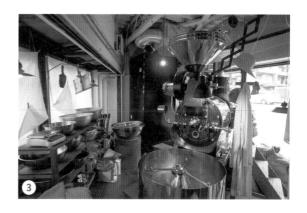

①「ひと目見てここだと確信した」という昭和38年に建てられたビルの1・2階を改装し『ROASTERY DAUGHTER / GALLERY SON』として営業。京都駅から徒歩7分の場所にある。　②『ROASTERY DAUGHTER』の店内は、産業革命以前の、手作業でものづくりをしていた頃の作業場をイメージした。焙煎士の吉田恭一さんは同店舗で、妻・幾未さんは主に『WIFE&HUSBAND』で接客にあたる。　③焙煎所にあるフジローヤル10kg釜。「焙煎機のオーバーホールをするだけでも味わいは変わります。焙煎機に対して自身がどうアジャストしていくかが大事です」（吉田さん）。　④2階にある『GALLERY SON』。吉田夫妻の琴線にふれた皿やグラス、道具、衣服、装飾品など、アンティーク・ヴィンテージの品々が所狭しと並ぶ。

共感を得、選ばれるために大切なのは
テーマや想いを反映したオリジナル

吉田恭一さん

前職ではファッションビルに18年間勤務し、紅茶専門店の現場や雑貨店のプロデュース、店舗開発、化粧品事業やギャラリーの営業、ビル店長など幅広い職務に従事した。焙煎によってオリジナルが作れることに大きな魅力を感じ、コーヒーを仕事にした。

©WIFE&HUSBAND

「ROASTER DAUGHTER ／ GALLERY SON (D&S)は、WIFE&HUSBAND(W&H)があってこそ生まれた我が子のような店なんです」と吉田さん。同店にはCOFFEE・PICNIC・ANTIQUESという3つの柱があり、W&HはCOFFEEのカフェの部分とPICNICを、D&SはCOFFEEの豆の部分とANTIQUESを担う。写真は京都市北区の北大路にある『WIFE&HUSBAND』。

『WIFE&HUSBAND』は開業当初から世界を念頭にブランディングや情報発信をしています。

コロナ禍の2020年に、コロナ前から構想にあった海外への焙煎豆の配送(国際郵便)を開始しましたが、送料の面でお客様に負荷がかかるためリピートにつながりづらく、現在は国内向けの有益なサービスや取り組みに力を入れています。

何事もまず自分たちのフィルターを通し、自分たちの想いなどを反映した上でカタチにすることが、個人ビジネスではとても重要です。そうしてできたモノ(商品など)にお客様は共感してくださるからです。

ウェブショップが普及し国内外のコーヒーショップが横並びにある中、「誰から買うと気持ちがいいか」ということで選ばれていくと思います。そのためにどうあるべきかを、よく練った上でカタチにすることも欠かせません。

COFEE BEANS LINEUP

2023年2月現在

BLEND
ブレンド

□ブレンド **DAUGHTER**
　深煎り

□ブレンド **SON**
　深煎り

□ブレンド **MOTHER**(カフェインレス)
　深煎り

□ブレンド **LADY**(期間限定)
　深煎り

SINGLE
シングル

□ブラジル
　深煎り

□コロンビア
　深煎り

□マンデリン(インドネシア)
　深煎り

□グァテマラ
　深煎り

□モカ(エチオピア)
　深煎り

COFFEE PROMOTION IDEAS

IDEA **1** ［ラインナップ］

迷わせない価格設定と
飲み切るのにちょうどよい量

生豆は地域指定で高品質のものを選び、年間を通して切らさず提供できるだけの量を買い付けている。ちょっとした価格の差によって手に取る機会が失われないよう、カフェインレス以外は一律価格に。200g（1日1杯飲んで2週間ほどで飲み切れる量）の単位で販売する。200g各1650円、ブレンド「MOTHER」のみ1700円。

IDEA **2** ［パッケージ］［ギフト］

贈り物にしたいパッケージデザイン

コーヒー豆の入れ物という先入観をなくしてデザインした箱。箱入りの商品は、豆の鮮度を保つためにガス抜きバルブ付きの袋に脱酸素剤を封入している。青箱・赤箱があり、赤箱は季節のブレンド用。ギフト商品は『ROASTERY DAUGHTER』の開設にあわせて販売を開始した。写真左はギフトセットの一例で、2種入り（ブレンドDAUGHTER／200g、ブレンドSON／200g）3800円。

顧客の声から生まれた簡易包装

「箱はもったいないから中身だけでいいよ」という顧客の声を受けて作ったのが、バルブ・脱酸素剤なしの袋詰めを紙で包むパッケージ。『ROASTERY DAUGHTER』の店頭でのみ取り扱っている。箱入りより50円安く、豆200ｇ各1600円、ブレンド「MOTHER」は1650円。箱入り・紙包みの両方に、W&HとD&Sのストーリーが書かれたショップカードを入れる。

W&Hらしい味わいの中にある 産地ごとの個性

京都・北大路にある『WIFE&HUSBAND』のカフェで味わえるコーヒー（620円）。メリタ製ドリッパーを使って編み出した、1日に数杯飲んでも重くない深煎りのためのドリップ法を実践している。写真のカップは、19世紀当時の作陶のようなできあがりの雰囲気を重視した特注のマグカップ（2700円）。ほかに年代物のプジョーのコーヒーミルも取り扱う。

クリックポストの導入で注文増加

200ｇ PAPER PACKはウェブショップだけで取り扱う簡易パッケージの商品。日本郵便のクリックポストでの配送の場合、国内一律185円で配送できる。このサービスを2020年に開始したところ、北海道など遠方からも一気に注文が増えた。面と向かってではなくとも感謝を伝えたいと、ウェブショップ購入分のコーヒー豆には手書きのポストカードを添える。

コミュニケーションのための余白を残す

　焙煎豆のそばにPOP（商品一覧表）を添えるものの、「POPはあくまで会話導入のためのツール」という吉田さん。自身も接客に従事するため、焙煎は定休日に行っている。店頭では、ヴィンテージのスモック（仕事着）姿の吉田さんとスタッフが接客にあたる。店頭とウェブショップでの豆販売量は1：1で、ともに重要な窓口となっている。

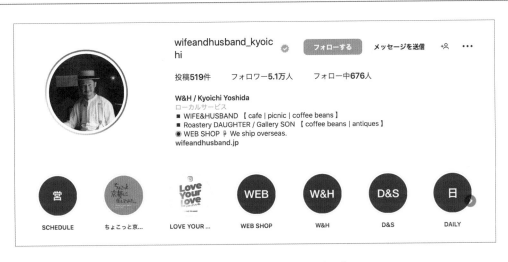

店・モノ・人を伝え、共感を広げる

　「インスタグラムがなかったら独立していなかった」という吉田さん。独立前からフォロワー数は多く、北大路『WIFE&HUSBAND』が開店する前のホームページ開設時に約1000人の訪問があった。インスタグラムで配信するのは、商品に対する想いや季節のブレンドの案内、ライフスタイルの提案など。数ある店の中から選ばれるためには、店主の考えや人柄を知ってもらう（オープンにする）ことも必要だと考えている。吉田さんが率直な言葉で綴る文章と情感あふれる写真は広く支持され、2023年2月現在、約5.1万人のフォロワーがいる。

愛知・高浜

SugiCoffeeRoasting

スギコーヒーロースティング

高浜ロースタリー（本店）
所在地：愛知県高浜市湯山町5-2-3
TEL：0566（52）5490
営業時間：10時〜18時
定休日：日・月曜
坪数：25坪
物販の客単価：2500円
URL：https://sugicoffee.com

地域密着の小売店。ダイレクトトレード豆を熟練技術で焙煎

『SugiCoffeeRoasting』は、人口5万人弱の小さな町・愛知県高浜市で長年続くロースター。代表の杉浦 学さんは、先代のコーヒー卸売業を引き継いだ後、2002年、スペシャルティコーヒーに特化した現在の小売店を立ち上げた。

原点は、杉浦さんが海外でスペシャルティコーヒーと出会い湧き上がった「日本でも本物のおいしさを届けたい」という想い。そのために追求してきたのが、最高の素材と、ポテンシャルを最大限に引き出す焙煎技術だ。コーヒー豆は、所属するジャパン ロースターズ ネットワークでカッピング評価し、納得したものだけを産地から買い付け。あらかじめ小型のサンプルロースターで焙煎プランを定め、それをもとに本焙煎を行っている。本焙煎を担当する大島さんは、ジャパン カップテイスターズ チャンピオンシップでの優勝経験を持つ実力者だ。

豆の販売において、最も大切にしているのがコミュニケーションだ。店頭にはプライスカードと焙煎豆のみ展示し、パッケージ済の豆袋はバックヤードにストック。スタッフに声をかけて注文するスタイルで、会話を生み出す。豆の個性を体感できるよう、銘柄は常時20〜25種類と豊富にラインナップ。品質のグレードや、シングル orブレンド、焙煎度でカテゴライズする。容量はお試しサイズの100gから揃えており、家族客を中心によく出るのがお得な500gパック。平均2500円と高い客単価を誇る。

豆購入者向けのドリンクサービスにも、長年取り組んできた。バリスタが抽出するコーヒーを、店内のラウンジやテイクアウトで楽しめる。また、コーヒー教室や、ちびっ子ラテアート大会等のイベントも積極的に開催。地域に愛される存在として、幅広い集客に成功している。

①20年以上使い続けるプロバット22kgタイプ。浅煎りなら酸を抑え、深煎りでも焦げすぎないよう、家庭で飲みやすい味わいを焙煎で作り上げる。②焙煎＆豆売りの拠点となる、本店「高浜ロースタリー」。来店客の8割をリピーターが占める。　③産地訪問時の写真。ここ数年は渡航を控えていたが、2023年春より再開し、SNS等でも発信予定。　④愛知県刈谷市に構える2号店。7坪とコンパクトな空間で、駅近立地を生かしてテイクアウトドリンクの販売も行う。

親しみやすいキャラや会員システムなど
顧客との"絆づくり"で販売量を増やす

杉浦 学さん

先代のコーヒー事業を引き継ぎ、2002年「高浜ロースタリー」をオープン。日本におけるスペシャルティコーヒー黎明期からダイレクトトレードを実践し、カップ・オブ・エクセレンス国際審査員や産地訪問も多数経験。2号店「刈谷店」はジャパン・バリスタ・チャンピオンシップ ファイナリストの妻・優子さんが店長を務める。

小売店の立ち上げ当初より、仲間とともに世界の農園からダイレクトトレードで豆を仕入れています。手に届きやすい価格で提供するには、必然的にまとまった買い付け量が必要です。そこで、豆の勉強はもちろんのこと、いかに多く売るかというマーケティング術を学び、実践してきました。

キーワードは絆づくり。それには「信頼関係」「愛着」「共感」―この3要素が欠かせません。自分を「Manabu社長」と名乗ってキャラクター化し、ニュースレターには、お客様に話しかけてもらうきっかけになるよう、自己開示を取り入れています。当店のコーヒー豆販売は、継続的に収益が得られる仕組みをめざす「ストック型」と呼ばれるビジネスモデル。購入履歴が確認できる会員システムを導入し、スムーズな豆の提案に役立てています。

COFEE BEANS LINEUP

2023年2月現在

グランクリュ

□ **ボリビア アグロ・タケシ農園 ゲイシャ**
　浅煎り

□ **ブラジル サントゥアリオ スル農園 ゲイシャ**
　浅煎り

□ **グアテマラ エル・サポーテ農園 ゲイシャ**
　浅煎り

シングル・オリジン

□ **ボリビア ロス・ロドリゲス ジャバ ナチュラル**
　中煎り

□ **ケニア チョロンギ・ファクトリー**
　中煎り

□ **エチオピア ウラガ・ゴモロ**
　浅煎り

□ **コスタリカ エル・アルコン農園**
　中深煎り

□ **ブラジル イルマスペレイラ農園**
　深煎り

□ **ドミニカ ラス・メルセデス農園**
　中深煎り

□ **エルサルバドル モンテシオン農園**
　深煎り

□ **グアテマラ エル・ブルテ農園**
　深煎り

□ **〈デカフェ〉エチオピア シダモ**
　中深煎り

期間限定 スペシャルティ ブレンド

□ **期間限定 モカジャバ**
　中深煎り

□ **期間限定 プリマベラ スペシャル**
　中煎り

□ **期間限定 薪火 ―まきび―**
　深煎り

□ **期間限定 スノーホワイト**
　中深煎り

定番 スペシャルティ ブレンド

□ **〈高浜店限定〉タカハマ物語**
　深煎り

□ **〈刈谷店限定〉桜まちブレンド**
　深煎り

□ **フレンチロースト**
　極深煎り

□ **ノーチェ**
　深煎り

□ **プリマベラ**
　中煎り

産地と焙煎度で
多彩な嗜好に対応

　さまざまな嗜好にマッチするよう、産地や焙煎度はまんべんなく揃える。ラインナップは全20〜25種類で、シングルオリジンとブレンドの比率は4：3ほど。シングルの中でも、ゲイシャなどの特に優れた銘柄を「グランクリュ」としてカテゴライズする。ブレンドは、定番5種類と、期間限定ブレンドも常時数種類を用意。豆の紹介を記したプライスカード、焙煎豆、挽いた粉を、オリジナルの木製トレーにセットして展示する。

上／プライスカードは焙煎度別に色分け。オレンジは浅〜中煎り、パープルは中深煎り、ブラックは深煎り。　左下／容量は3タイプで、100ｇを定価とし、得々パック500ｇは定価から最大40％引き。　右下／プライスカードや豆見本がぴたりと納まるトレーは、DIYで製作。

左／味わい比較が楽しめる、ブレンド100ｇ×3種類のセット（1944円）。　右／試飲コーヒーは、産地や焙煎度などのカテゴリー別に3種類を用意。

試飲やお試しセットを接客に活用

　以前は、パッケージ済の商品を店頭に並べて販売していたが、注文を受けたスタッフがバックヤードから取り出すスタイルに変更。その結果、お客との会話量が格段に増えた。カウンターには、試飲コーヒーを日替わりで3種類用意しており、味わいをその場で体験してもらうことで嗜好が把握できる。初めてのお客には、お試し的な位置づけの「ブレンド3種セット」を勧めることが多く、初回購入時のみ特別割引を設ける。

IDEA 3

コーヒープロフィール

カードやウェブで
生の情報発信

ダイレクトトレードや産地訪問で得た生の情報をもとに、生産者や豆のストーリーを積極的に発信する。例えば、商品に添えて渡している紹介カードや、会員向けのニュースレター、ホームページには新入荷のたびにブログ記事を投稿。産地や生産者がより身近に感じられる取り組みだ。

IDEA 4

ドリンクサービス

豆購入者を対象に
バリスタが提供

「本物のおいしさを体験してもらいたい」と始めた、バリスタによるドリンクサービス。コーヒー豆1000円以上の購入で、購入者本人＋同伴者1名まで、ドリンクを無料でサービスする。スピーディーに提供できるよう、抽出にはエスプレッソマシンを用い、カプチーノやアイスラテなどのメニューを用意。奥のラウンジスペースで味わってもらうほか、テイクアウトも可能だ。

上／さまざまな個性を感じられるよう、抽出に使用する豆は日替わり。
左下／オープン当時、カフェ営業を行っていたスペースをラウンジとして活用。
右下／サービスドリンクのメニューボード。3名以上は有料で販売も行う。

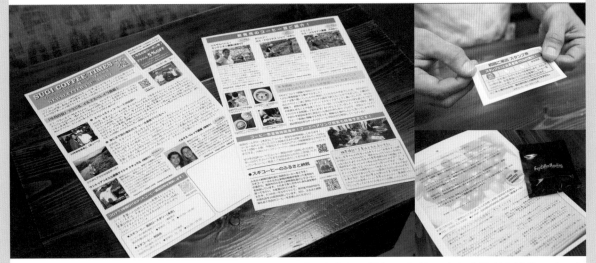

左／ニュースレターは現在131号！ 右下の空欄に宛名を書き入れ、紙一枚で郵送する。割引クーポン付。　　**右上・右下**／初回来店のスタンプカードと、サンキューレター＆会員バッジ。スタンプカードは、3回の利用で定着するというマーケティング理論をヒントにした。

会員向けに各種レターを発送

　顧客リストを獲得できる会員システムは、ストック型ビジネスに有効なマーケティングの一つだ。新規客には段階を踏んでアプローチし、初回3回来店＆会員登録で500円オフのクーポンを発行。その後、登録の感謝を伝えるサンキューレターに、会員バッジを添えて郵送する。会員向けには、隔月で、商品紹介やイベント情報、プライベートな内容を織り交ぜたニュースレターを発行。受け取るたびに店の存在を思い出し、つながりを感じてもらう。

手土産に選ばれるご当地コーヒー

　地域密着を大切にする同店では、コーヒーのご当地商品も開発。市民映画から誕生した「タカハマ物語」、観光名所にちなんだ「鬼みちブレンド」のコーヒーバッグ（各4杯分594円）は、手土産やふるさと納税で人気だ。贈り物には、商品を詰め合わせたギフトセットもよく出る。ロゴ入りの包装紙は、秋冬はグレー、春夏は水色を使用。

ステップ別に楽しみ方レクチャー

　「わくわくコーヒー教室」と題したコーヒーレッスンを随時開催しており、過去の参加者は1500人にのぼる。コーヒー豆の選び方や淹れ方といった初級クラスから、オリジナルブレンドづくりが体験できる上級クラスまで、ステップ別のクラスを用意。写真は、スイーツ×コーヒーのペアリング教室と、子ども向けイベント「ちびっこラテアートチャレンジ」の一コマ。

大阪・玉造

CAFENOTO COFFEE

カフェの音コーヒー

Enon coffee roasters

エノンコーヒーロースターズ

所在地：大阪府大阪市中央区上町1-6-4
TEL：06（4304）2630
営業時間：12時〜18時30分
定休日：火曜、不定休
坪数・席数：15.5坪・6席
物販の客単価：1500円
URL：https://www.cafenotocoffee.com
https://enoncoffeeroasters.stores.jp

オリジナル商品を通してライフスタイルを提案

大阪城からほど近く、学校や公園が多い玉造エリアにある『CAFENOTO COFFEE』。大通り沿いながらも落ち着いたロケーションで2011年にカフェ業態からスタートし、2019年3月に念願の自家焙煎所『Enon coffee roasters』を店舗内にオープンした。オランダ製の焙煎機「GISEN」を導入し、店主の伊藤文之さんが毎日少量ずつ焙煎。大阪市内なら少量から受注している卸しも好調で、オンラインで豆を購入したあとに連絡があり、東京や沖縄など卸し先が全国に広がっているところだ。日常的に楽しめることをコンセプトに、深煎りより中深煎りや浅煎りが中心のラインナップ。それとともに、個性のあるシングルオリジンも用意する。

新型コロナウイルスの影響を受けた2020年2月から8月まではイートインスペースを閉鎖し、テイクアウトと開設したECサイトでの販売に専念。同時進行で、浅煎りの技術をあげるべく日々実習を積み重ねたことで、新展開できる商品の幅を広げていった。その当時は簡易的にラックを物販棚として利用していたが、物販の売り上げUPを図り、2021年に重厚感のある現在の物販棚を新しく設置した。ロゴ入りのオリジナルグッズや、自家焙煎のコーヒーを使ったアイスクリーム、チョコレートといったオリジナル性の高い商品展開で、コーヒーが傍にあるライフスタイルを提案する。「コーヒーってこんな楽しみ方もあったんだ」と発見してもらい、豆の購入きっかけになることゴールと考えている。売り上げの内訳は、店頭での物販が6割、イートイン2割、オンライン2割。仕入れ価格が上がっているものの、味のクオリティやハイセンスなデザインによる積極的な展開で、売り上げも好調だ。

①焙煎機はオランダ製の「GISEN」を導入。細かな設定ができるので、コロナ禍に生まれた時間を利用して浅煎りのテクニックを磨いていった。　②販売が好調のため常に鮮度のいい豆が提供できている。少量ずつ、こまめに焙煎できるのがメリットだが容量の大きい焙煎機への切り替えも検討中だ。　③生豆は、複数の商社から取り寄せる。

物販利用、イートインともに
裾野の広がりを実感しています

コロナ禍の影響でイートインを閉鎖していた時期もありましたが、現在は、レイアウトを変え以前より席数を増やした6席をご用意しています。中央に設置している丸テーブルで、スタンディングでコーヒーを楽しまれる方もいらっしゃいますね。おうちコーヒーを楽しむ方が増えたことで、イートインもテイクアウトも、以前よりお客様が増えていることを実感しています。地元の方の、ご自宅用の購入が大半でそのような方は決まった豆をローテーションで購入されます。ギフト用の豆を探しに来られた方には、カウンター越しに会話を通してアドバイスをさせていただくケースが多いですね。

伊藤文之さん

大学卒業後、求人誌の営業職を経験した後、バリスタに転身。大阪市内のカフェで新店の立ち上げなどに関わり、店長の経験も。30歳を機に『CAFENOTO COFFEE』をオープンし、独立。2019年3月より店舗内で自家焙煎所『Enon coffee roasters』をスタート。

2023年2月現在

SINGLE ORIGIN
シングルオリジン

□ **インドネシア　リントン　マンデリン トバコ**
　インドネシア／SUMATRA／中深煎り

□ **ブラジル　イビラシ ミナスジェラシス クルス アルタ農園**
　ブラジル／ナチュラル／中深煎り

□ **ケニヤ　クテレファクトリー　ブンゴマ**
　ケニヤ／ウォッシュド／中煎り

□ **タイ　チェンライ ドイパンコン**
　タイ／ブラックハニー／中煎り

□ **エルサルバドル　サンタリタ農園　ブルボン**
　エルサルバドル／ナチュラル／中煎り

□ **エチオピア　オロミア州　グジゾーン ウラガ**
　エチオピア／ナチュラル／浅煎り

BREND
ブレンド

□ **CLOUD.9**
　内容非公開

□ **CITRUS & SWEET**
　エチオピア.コロンビア.ブラジル／中煎り

□ **BITTER & JUICY**
　コロンビア.インドネシア.ブラジル／中深煎り

□ **HERBAL & EXOTIC**
　エチオピア.インドネシア／中煎り〜中深煎り

□ **【バレンタイン限定】Valentine Blend Coffee**
　エチオピア（グジ ウラガ）・ブラジル（セラード）・ケニヤ（ブンゴマ クテレ）／中深煎り

IDEA 1

グッズ

ロゴ入りの保存缶とコーヒーカップを販売

『Enon』のロゴが入った、デザイン性の高いオリジナルグッズを店頭で販売。コーヒー豆保存缶1,550円は、大切にモノづくりをしている茶筒老舗メーカーを見つけて製作を依頼したもの。ブリキ製で手になじみ、何度も使えるのでエコにつながる。コーヒーカップは、廃棄される備前焼の破片を再利用する「RI-CO」の取り組みを知り、直接連絡を取りオリジナルカップの製作をオーダーした。「サステナブルですし、これでコーヒーを飲むと味が丸くなるんですよ」(伊藤さん)。軽くて肌になじむような手触りのよさも魅力だ。

IDEA 2

テイクアウト

コーヒー味のチョコレートとアイスクリームを展開

コーヒーを通して楽しめるものを、とドリンク以外のオリジナルの物販メニューを商品化。2022年夏に、店で焙煎したコーヒーを使ったエスプレッソ バニラ カップアイス1個550円を販売。リピーターが多く、売れ行きが好調で売り上げにも貢献するアイテムとなっている。2023年のバレンタインには、コーヒーチョコレートタブレット ラテ味・ビター味各1300円を販売。コーヒー豆を砕いたジャリッとした食感がおもしろい。「個人店で他ではやっていないコーヒー店ならではの取り組みができればと考えました。どちらも通年販売予定です」(伊藤さん)

IDEA 3

ブレンド4種とシングルオリジン約7種を用意

　店の扉をくぐったすぐ正面に、コーヒー豆をディスプレイ。ブレンドはショーケースに陳列、シングルオリジンは並びの棚の上に陳列し、香りが嗅げるようにガラス瓶に入れた豆を配置。4種類のブレンドは、エスプレッソ用で苦みの効いた「CLOUD.9」や、果実味あふれる華やかな「CITLUS & SWEET」などを揃える。ブレンドの中身はコンセプトに合わせて随時入れ替わっていくのも特徴だ。シングルオリジンは季節感を意識して、寒い時期はナチュラル、夏はウォッシュドを入れるなどしている。入れ替わりのスパンが短く、月替わりの商品も。新しい豆を入荷したときは、SNSで告知し、メールマガジンも週1回の頻度で発信している。

IDEA 4

デザイン性も魅力のギフトを陳列

　ドリップバッグの豆はブレンド「HERBAL & EXOTIC」を使用。とりわけ年始の挨拶用などギフト需要が高い。バレンタインに合わせて登場したコーヒーチョコレートタブレットも、ドリップバッグとセットで販売。棚に陳列しているこれらの商品は、コーヒー豆購入のためのきっかけとして用意する。一貫して同じデザイナーにパッケージデザインを依頼し、統一感をもたせている。近々、ドリップバッグは新しいパッケージデザインになり、種類を増やしていく予定。

自宅での抽出方法を詳しく解説

ハンドドリップの抽出方法を記したリーフレットを用意。2人用ホットコーヒー、1人用ホットコーヒー、1人用急冷アイスコーヒーの3パターンの淹れ方をコーヒー豆使用量、お湯の使用量、抽出時間をわかりやすく紹介している。QRコードを読み取ると、ハンドドリップコーヒーの淹れ方の動画も閲覧できて初心者にもわかりやすい。

豆の詳しい情報を
カードで伝える

イートインでは、物販もしているオリジナルカップを使用。ソーサーに豆の詳細を記したカードを添え、QRコードでECサイトに誘導する。ハンドドリップコーヒーはシングルオリジンコーヒー、シーズナルブレンドコーヒー各550円（HOT）、各580円（ICE）を用意。その他、エスプレッソメニュー4種、ラテメニュー9種、アフォガード2種を楽しめる。

東京・八王子
Khazana Coffee
—

カザーナコーヒー

所在地：東京都八王子市本町2-5-1F
TEL：0426(49)7230
営業時間：10時30分〜18時
定休日：月・火曜
物販の客単価：2000円
URL：https://www.khazana-coffee.com

八王子駅から徒歩10分強の立地。リラックスできる植物園のような空間をイメージし、店内外にグリーンを多数配置する。

二人三脚で17年。街の名物ロースタリー

入口脇の棚にずらりと並ぶ、30種類のコーヒー。浅煎りから深煎りまで、産地も幅広く揃える。

「最初は片手ほどだったのが、お客様のリクエストに応えるうち、気付けばこんなに増えていました。それぞれの豆にファンがいるから、減らせないんですよね」。そう笑うのは、オーナーの栗原崇さん、桂子さん夫妻。夫の崇さんが店舗のディレクションを、妻の桂子さんが焙煎を担当する。

八王子で開業し、今年で17年目。ふるさと納税の返礼品に選ばれたり、市民投票で選ばれる「お店大賞」を受賞したりと、地元を代表する人気店だ。

スタートは、桂子さんが1人ではじめた2坪の豆売り専門店。桂子さんの出産をきっかけに夫婦経営となり、売上が急増。2回の拡張移転を重ね、現在は目標だった「地域の人が集うロースタリー」を実現している。

生豆は開業時から一貫して、「LCF※」からこまめに仕入れる。店内にある専用保管庫で温度と湿度をキープし、管理。常にフレッシュなコーヒーの提供に努める。

シングルオリジンとブレンドの割合は約半々。コロナ禍でリモートワークになったお客からの「より手軽に楽しみたい」という声に応え、ドリップバックやエスプレッソシロップの品揃えも充実させた。

特に1ショットずつ抽出してつくるエスプレッソシロップは、カフェラテのほか、店舗の人気メニュー、エスプレッソソーダやアフォガートが自宅で簡単に再現できると需要が高まっている。

同店が目指すのは、やわらかく甘いコーヒー。ワイヤー製のコーヒーバネットを使い、連続した流れで丁寧にドリップする。定期的に店内で抽出に関するワークショップを開催し、コーヒー豆購入後のサポートを行っている。

※リーディング コーヒー ファミリー。堀口珈琲代表取締役会長が立ち上げた、高品質生豆の調達グループ。

①開店時から、「ディードリッヒ」の半熱風式焙煎機を使用。現在の店舗に移る際、3kg釜から5kg釜にサイズアップした。甘くやわらかな味を目指し、焙煎も抽出も時間をかけてゆっくり行う。　②生豆は、温度と湿度を保つ保管庫に保存する。
③地元のパティスリー5店舗から取り寄せる焼き菓子を、カウンター横で販売。どれも濃厚な味で、コーヒーとの相性が抜群だ。八王子土産としてまとめて購入するお客も多い。

地域に密着、通いたくなる店づくりを目指す

栗原 崇、桂子さん

『Khazana Coffee』オーナー夫妻。夫婦とも未経験の状態から、焙煎、抽出、販売、デザインに関して試行錯誤を重ね、技術を研鑽。現在も話し合いをしながら、コーヒーに対する真摯でユニークなアプローチを試み続けている。

どんな嗜好のお客様でも必ず好みのコーヒーが見つかる、というのが当店の強み。焙煎度合いもフレーバーもバラエティー豊かに多品種をラインナップしています。はじめて来店される方は選ぶのに迷うと思うので、浅煎りと深煎り2種類の試飲用コーヒーを用意し、飲み比べや対話を通じて求めるコーヒーを探ります。試飲用の豆は日替わりなので、それを楽しみに来店される常連の方も多いですね。

実店舗とオンラインの売上比は8：2で、お客様のメインは地元の方。2019年にふるさと納税の返礼品に選ばれてからは、ギフトや遠方からの注文が増加傾向にあります。「高尾山ブレンド」や「八王子ブレンド」などを発売し、一層地域色を大切にしています。

COFEE BEANS LINEUP

2023年3月現在

シングル

□ ラ ロカ・ラ グラナディージャ／コスタリカ／ウォッシュト／浅煎り

□ ガルビ／イエメン／ナチュラル／中浅煎り

□ イッブ／イエメン／ナチュラル／中浅煎り

□ ファロ W.S ／エチオピア／ウォッシュト／浅煎り or 中浅煎り

□ ゴロ ベデッサ／エチオピア／ナチュラル／中浅煎り

□ カムワンギ ファクトリー／ケニア／ウォッシュ／中浅煎り

□ ブラックバーン エステート／タンザニア／ウォッシュト／中深煎り

□ サンタ カタリーナ・モンターニャ／グアテマラ／ウォッシュト／中深煎り

□ サンタ カタリーナ・HAB ／グアテマラ／ウォッシュト／中煎り or 深煎り

□ サンタ カタリーナ・HAB ／グアテマラ／ウォッシュト／中煎り＋深煎り

□ ロス デルンボス／ホンデュラス／ウォッシュト／中煎り＋深煎り

□ セロ ヴェルデ／コスタリカ／ウォッシュト／中煎り

□ エル ジャサル／コスタリカ／ウォッシュト／深煎り

□ ラ ロカ・エル アルト／コスタリカ／ウォッシュト／浅煎り

□ カルドン エステート／インドネシア／スマトラ式／深煎り

□ マチアゾ W.S ／ルワンダ／ウォッシュト／深煎り

□ マカウバ デ シーマ／ブラジル／ウォッシュト／深煎り

□ デカフェ・サンタ カタリーナ／グアテマラ／超臨界CO2／深煎り

ブレンド

□ カザーナ ブレンド／様々な仕上がりを想定したバランスに優れたブレンド／中深煎り

□ 季節のブレンド／毎年季節ごとに旬の素材を使用したブレンドを製作／浅煎り〜深煎り

□ 八王子ブレンド／「八王子のお土産にして頂けるようなコーヒーを」との依頼を受けて製作／中深煎り

□ 高尾山ブレンド "Original" ／高尾登山電鉄株式会社より依頼を受けて製作／中深煎り

□ 高尾山ブレンド "Fruity" ／フルーティな風味の高尾山ブレンド／浅煎り

□ 高尾山ブレンド "Dark" ／豊かな風味、落ち着いた印象の高尾山ブレンド／深煎り

□ 高瀬ブレンド／東京の名店「うなぎの高瀬」より依頼を受け製作／深煎り

□ FUJIU ブレンド／フランス古典菓子の巨匠藤生シェフより依頼を受けて製作／中深煎り

□ Khazana Coffee "Op.1" ／異なる精製のエチオピアを使用したフルーティなブレンド／中浅煎り

□ Khazana Coffee "Op.2" ／中米産がベースのすっきりとしたマイルドな印象／中煎り

□ Khazana Coffee "Op.3" ／最も浅めのローストの瑞々しいフルーティ風味が特徴／浅煎り

□ Khazana Coffee "Op.4" ／中米産がベースのコクと甘みが感じられる深めのブレンド／深煎り

□ Khazana Coffee "Op.5" ／異なる精製のエチオピアをやや深煎りに仕上げたブレンド／中深煎り

□ Khazana Coffee "Op.6" ／ショコラとの相性を念頭に製作したブレンド／深煎り

□ Khazana Coffee "Op.7" ／マンデリンを中心にした複雑豊かな深めのロースト／深煎り

□ Khazana Coffee "Op.8" ／最も深めのローストを施したすっきりとしたブレンド／深煎り

□ Khazana Coffee "Op.16" ／開業16周年に製作。エチオピアと贅沢にイエメンを使用／中深煎り＋中浅煎り

□ Khazana Coffee "Op.23" ／2023年の新年を祝い製作したブレンド／中浅煎り＋深煎り

COFFEE PROMOTION IDEAS

IDEA 1 〔ディスプレイ〕

30種類の豆で、選ぶ楽しさを提供

　入口すぐの場所に並ぶ、自家焙煎コーヒー豆。選ぶ楽しさ、新しい味との出会いを体験してほしいとの想いで、30種類と多品種を揃える。陳列は焙煎度別。プライスカードをゴールドの丸額縁に入れることで、高級感を演出する。100ｇ800円代の豆がメインだ。

IDEA 2 〔テイスティング〕

サービスコーヒーが来店動機に！

　毎日、浅煎りと深煎りのドリップコーヒーを試飲用として出す。フレーバーをとりやすいよう、ガラス製のサーバーとグラスで提供。豆の種類は日替わりだが、時にはゲイシャなど希少な豆が準備されることも。試飲サービスでコーヒーへの興味が深まり、常連となるお客も多い。オンラインでの購入にはない楽しみだ。

IDEA 3 〔オリジナル商品〕

人気のエスプレッソを商品化

左・中／エスプレッソシロップは2種類を用意。150㎖、1750円〜。「ラ・マルゾッコ」STRADA MP-3で、1ショットずつ抽出して作る。シロップ1本につき豆を100ｇ以上使い、中双糖でやわらかな甘みを添加する。
右／エスプレッソシロップを使った、コーヒークリームのダックワーズ。少量でも風味がしっかり感じられるため、製菓材料としても優秀。

地元愛を前面に

左上・右上／「Mt.TAKAO(高尾山)ブレンド」のパッケージ画は、高尾在住の紙すき作家、わだときわさんによる作品。原画は店内の壁に飾られる。

下／八王子の美しい夕陽をイメージした「八王子ブレンド」。パッケージは、栗原さんの5年生になる娘が手掛けた。グアテマラやエチオピアなどのブレンドで、甘く華やかな味わい。

地元の名産品としてのギフト

左・中／ふるさと納税の返礼品に選出されて以来、「八王子のお土産」として中元や歳暮などに利用する地元客が増加。ブラックの箱にブランドロゴの入ったペーパーバッグと、高級感のあるラッピングを用意する。

右／今年発売した、オリジナルのトートバッグとコーヒー豆をセットにしたギフトも好評。トートバッグには、店名の「カザーナ(ウルドゥー語で宝物を意味する)」を、シルクスクリーンでプリントしている。

索引

【項目名一覧】

ラインナップ	コーヒー豆の揃え方に関すること

ディスプレイ	店舗におけるコーヒー豆の陳列に関すること

コーヒープロフィール	各コーヒー豆の個性の紹介に関すること

コーヒーチケット	事前支払いのコーヒーチケットなど

Web活用	Webを使った販促や工夫に関すること

ディスカウント	割引サービスに関すること

メニュー	店内売りメニューなど

オリジナル商品	テイクアウト品など、店外用のメニューに関すること

販路拡大	従来にない形の販売経路の拡大に関すること

勧め方	お客に対するコーヒー豆の勧め方に関すること

セミナー	コーヒー教室など

テイクアウト	テイクアウト品の販売の仕方に関すること

テイスティング	テイスティングサービスに関すること

その他	上記以外に関すること

パッケージ	コーヒー豆を入れる袋のことやラベルデザインに関すること

看板	コーヒー豆をアピールする看板に関すること

カード類	販促に用いるカード類に関すること

DM	ダイレクトメッセージ。お客に発信するハガキなど

サブスク	サブスクリプション。定期支払利用に関すること

ギフト	贈答用商品など

ドリンクサービス	豆の購入者に対するドリンクサービスに関すること

グッズ	飲食物以外のオリジナルグッズなど

味の演出	コーヒー豆を入れる袋のことやラベルデザインに関すること

接客サービス	「勧め方」以外のシーンでの接客に関すること

コラボレーション	他店・他社と協力し売上アップを図る工夫に関すること

紙媒体	リーフレットや小冊子など印刷物に関すること

味づくり	コーヒー豆の味づくりに関すること

※索引は次ページより

人気コーヒーショップ・自家焙煎コーヒー店

「コーヒー豆」の売り方・繁盛法

発行日　令和5年3月31日初版発行

編　著　　旭屋出版 編集部
発行者　　早嶋　茂
制作者　　永瀬　正人
発行所　　株式会社旭屋出版
　　　　　〒160-0005
　　　　　東京都新宿区愛住町23-2ベルックス新宿ビルⅡ6階
　　　　　郵便振替　00150-1-19572

　　　　　販売部 TEL 03(5369)6423
　　　　　FAX 03(5369)6431
　　　　　編集部 TEL 03(5369)6424
　　　　　FAX 03(5369)6430
　　　　　旭屋出版ホームページ　https://asahiya-jp.com/

印刷・製本　株式会社シナノ